Du même auteur :

Aux éditions Lulu :

Des pas….sculpteurs de vie
Le parfum des mouvances
Eclaboussures
Les étoiles la nuit
Fondus enchaînés
Entre deux vents la vie
Errance poétique d'un vers inachevé
L'aube d'un émoi
Deviens qui tu es (Nietzsche)
A l'encre de brume

Aux éditions BoD :

Quelques alexandrins pour rythmer la saison
Points de rencontre
A mon père…

Sylvie TOUAM

Patchwork poétique

Préface de Marie de BUEGER

BoD 12/14, rond-point des Champs Elysées, 75 008 Paris, France

© 2019, Sylvie Touam
ISBN : 9782322140299
Editeur : BoD – Books on Demand-
12/14, rond-point des Champs Elysées, 75 008 Paris, France
Impression : BoD – Books on Demand, Allemagne
Dépôt légal : Août 2019

Préface
De Marie de Bueger

La vie est faite de surprises, certaines sont douces, d'autres, à l'inverse, nous peinent. Rencontrer Sylvie fut une joie pour moi car elle est de ces personnes qui nous enseignent la simplicité et la discrétion. Découvrir ses écrits a été bouleversant car Sylvie a ce don de savoir choisir les mots pour vous rappeler combien la vie est éphémère, tantôt belle et tantôt grise. La générosité de Sylvie m'a amenée à poser ma voix très modestement sur certains de ses poèmes et cela m'a fait vivre de splendides voyages émotionnels. Ainsi, lorsque quelques mois plus tard, cette dernière m'a demandé si j'accepterais de poser à mon tour quelques mots sur le papier pour introduire son prochain recueil, j'ai immédiatement accepté dans l'idée de la remercier. Si l'exercice est complexe, il en vaut largement la chandelle, car dans ses nouveaux poèmes, Sylvie nous rappelle une nouvelle fois à notre condition d'être humain. Son humilité, sa douceur et le choix sans erreur de ses mots qui apaisent nous incitent à profiter pleinement de chaque moment de la Vie car tout a une fin.
Je souhaite à chacun une lecture entière qui vous invitera à accueillir pleinement toutes les émotions que nous portons en réaction aux expériences qui nous sont données de vivre chaque jour l'un après l'autre.

Une dernière fois, je remercie Sylvie pour la sagesse cachée dans son recueil qui nous fera grandir si on la trouve.

Marie de Bueger

La plume du poète…

Prendre soin de son corps pour qu'il demeure sain
C'est la finalité d'une hygiène de vie
Le choix du protocole est plus ou moins succinct
Mais la vigueur toujours détermine l'envie

Un peu d'activités si possible en plein air
Ne pas boire d'alcool bannir la cigarette
Veiller à son menu conduite qui s'acquiert
En intégrant l'enjeu quand le mental s'y prête

Car l'on ne peut contrer ce rapport évident
Entre telle habitude et la forme physique
On instruit l'organisme et bien qu'accommodant
Il demeure soumis à toute cette éthique

Mais serait-ce pareil avec notre moral
Pourrions-nous l'exercer nous-mêmes au bien-être
En nous dictant pour lui ce précepte vital
Une façon de vivre où l'équilibre est maître

C'est même assez tendance et de nombreux courants
Enseignent le bonheur comme une discipline
Un mode de pensée et des comportements
Indépendants des faits qui donnent grise mine

L'esprit s'éduquerait pourquoi pas après tout
Qu'il faille en prendre soin c'est pour moi manifeste
Mais à chacun son mode il est souvent surcoût
De vouloir le dompter par ce qu'un dogme atteste

…/…

Forcer à l'optimisme et mettre au ban le pleur
Bien souvent rédempteur c'est souvent qu'on le somme
Comme antidépresseur mais n'est-ce pas la peur
De trop de vérité qui d'un coup se dénomme

La recette est intime il s'agit bien de soi
Pour soigner sa psyché la santé de son âme
La plume du poète est affaire de foi
Dans une confidence il en fait son sésame…

Quand le tourment fait rage…

Quand le tourment fait rage au-dessus du vivant
L'Esprit toujours s'affaire à défendre son souffle
Et la raison devient l'unique paravent
Où peut se retrancher le vide qu'il camoufle

Il faut être pensant pour sembler vertueux
Même si dénués de leur force vitale
Les mots sont bien souvent de genre impétueux
L'écho seul en sourdine est peine capitale

Alors pour disposer des secrets désoeuvrés
Pour y mettre à l'abri les silences propices
Dans nos jardins brûlés d'avoir été sevrés
D'une onde salvatrice on construit nos hospices

Car la migration vers les champs irrigués
Leurs parfums inconnus semble plus effrayante
Que le bannissement des espoirs endigués
Sur une terre aride et pourtant larmoyante

Le tourment qui fait rage au-dessus du vivant
Emporte le soupir plus loin que l'espérance
Et la Raison devient l'idéal s'achevant
L'alibi du sublime et son évanescence…

« La vie est un passage »…

« La vie est un passage » et la mort le délivre
C'est la clé d'une brèche ouverte à la clarté
D'un voile insaisissable où le temps s'en va vivre
Peut-être une autre histoire en intime aparté

L'existence y conduit parfois jusqu'à l'extrême
De sa persévérance au-delà des confins
De sa propre vertu percevant l'anathème
Qui vient l'épiloguer si proche des défunts

C'est l'ouverture sur ce si lointain voyage
Qui seule vient permettre un affranchissement
De ce jour alité déliant son sillage
L'unique guérison comme un enfantement

Le vivant est captif c'est là son préalable
Il ne peut qu'éprouver cette rédemption
En ressentant partir la douleur incurable
D'un proche qu'il aimait, sa libération

Lorsque le jour s'éteint la nuit semble éternelle
Le chagrin est immense au coucher du soleil
Il faut se dire adieu fermer la fontanelle
Qui débutait l'histoire au seuil du grand sommeil….

Bienveillance et résilience…

Pourquoi toujours chercher à vouloir être heureux
Si son acception c'est juste se soustraire
Une vaine chimère où les rires sont creux
Pour compenser les pleins d'une épreuve contraire

Refuser la noirceur de l'inspiration
Se contraindre à la joie alléguant le charisme
De la vitalité gauchit l'émotion
Et ne fait du désir qu'un simple bonheurisme

Juste entre deux instants juste entre deux endroits
Une suite de mots placés sur l'interligne
Ondule sur ce vide aux pieds de ses parois
Le ruban du devoir que l'existence assigne

Ne pas vouloir pleurer les larmes de son cœur
Pour ne pas en souffrir c'est là l'extravagance
D'une fausse bravoure et l'écho tout moqueur
Se rit de cet effort avec inélégance

Il est si dur d'oser entrer en vrai contact
Avec tant de douleurs quand le moment arrive
Où tout est accompli même sans trop de tact
Etre résilient quand la transe dérive

Mais pourquoi donc chercher à vouloir être heureux
Si son acception c'est juste se soustraire
Une vaine chimère où les rires sont creux
Pour compenser les pleins d'une vie éphémère…

Lorsque devenu grand...

Quel est ce pleur d'enfant que l'on perçoit dans l'ombre
Et l'on cherche partout d'où peut-il bien venir
De quel écho banni quand la sagesse encombre
Sa candeur d'origine et qu'il ne peut finir

Parce qu'on est adulte on ne peut reconnaître
Ce vagissement-là tout en fragilité
Les parents l'ont pansé le faisant transparaitre
Dans un monde de mots qu'en clandestinité

Et c'est s'habituer à l'univers de l'homme
Que de le désapprendre et transmuer l'accent
Il était trop intime et le temps le renomme
Vouloir le ranimer serait presque indécent

Alors on ne sait pas qui donc se fait entendre
Quand on perçoit ce pleur on fait juste semblant
De le chercher partout car on veut s'en défendre
Se rendre à l'évidence est vraiment trop troublant

Car on le reconnait cet enfant en détresse
N'est autre que soi-même un soi calomnié
Par son propre refus par sa propre rudesse
Mais c'est bien là sa voix pourquoi le renier...

Délai de grâce…

Une étoile s'ébauche une vie apparait
Mais ce qui vient au monde un jour doit se dissoudre
L'astre est ainsi mortel c'est le même décret
Elle aussi s'éteindra sera réduite en poudre

L'échelle de son temps diffère de l'humain
C'est une autre mesure et lorsque sa lumière
Nous semble perceptible encore au lendemain
De son extinction serait-ce une première

Le cours de la lumière a la longévité
D'une projection d'un regard à la traîne
Surpris par sa beauté sa conductivité
Qui prolonge l'éclat que le désir parraine

Est-ce une survivance ou n'est-ce qu'un transfert
L'astrophysique est vaste et chacun sa mouture
Que l'astre d'origine au merveilleux offert
Soit déjà trépassé semble être une imposture

Et c'est pareil pour l'homme ou du moins dans l'écho
Quand le corps est en terre existe-t-il une âme
Qui brille et brille encore au loin du fiasco
Présence originelle où l'amour se réclame

Mais un jour le soleil à son tour s'éteindra
Et plus personne ici pour présumer de l'Homme
L'effacement du temps déposera le drap
Sur le tombeau du rêve où le néant se nomme…

Raisonnement par le vide…

Etre montré du doigt du jour au lendemain
Comme un pestiféré comme un veule coupable
Ce n'est pas difficile un fourbe baisemain
Et l'affaire est lancée aucun n'est intouchable

Parfois une rumeur parfois un gros fracas
Soudain tout va très vite et le faux-pas s'emballe
Une accusation le public en fait cas
Ça surgit de tous bords le grand conseil s'installe

Mais le plus compliqué c'est de s'innocenter
De son honnêteté savoir en faire preuve
Il faut pouvoir transcrire et même argumenter
L'affabulation que le mensonge abreuve

Quand n'a pas existé l'épisode blâmé
Comment lui donner vie afin d'en rendre compte
C'est là ce paradoxe et l'esprit diffamé
Se retrouve inhibé tandis qu'il s'y confronte

…

Un courant fait divers qui m'interroge sur
L'impossibilité de démontrer l'absence
Prouver l'inexistence est un challenge obscur
Que me faut-il saisir de cette invraisemblance…

C'est un corps qui s'en va...

Lorsqu'il nous faut quitter la douceur d'être ensemble
L'amour devient défi plus loin que le réel
L'essence d'une grâce où plus rien ne ressemble
Au miroir du bonheur au reflet visuel

C'est un corps qui s'en va mais davantage encore
Un sourire une voix des gestes protecteurs
Un peu comme une preuve où l'étant s'édulcore
La mort vient dérober ces signes émetteurs

L'épreuve de l'absence est incommensurable
Où pouvoir le chérir dans ce monde il n'est plus
A-t-il une entité sa chair n'est pas palpable
N'est-il qu'un souvenir chimère d'un surplus

En disloquant le corps c'est l'âme qu'on disloque
Comme l'âme d'un « nous » qui n'a plus de statut
En dehors du passé déjà d'une autre époque
Une belle oraison qui n'est qu'un substitut

Ce « nous » sans avenir ou ce « je » malhabile
A cultiver l'amour sans l'enrichissement
D'une image visible et la perte obnubile
La quête du vivant sans attendrissement

Que ce qui fut vécu prolonge la tendresse
Est vite un alibi pour contrer le néant
Mémoire de l'affect ou présent qui ne cesse
Le mobile est complexe et le deuil désarmant

.../...

Quand tous les « plus jamais » ne sont là que souffrance
Sauront-ils devenir dans ce temps essaimé
De sereins « pour toujours » transcendant cette errance
Sur la foi d'un serment on ne peut désaimer

C'est un corps qui s'en va mais davantage encore
Un sourire une voix des gestes protecteurs
Et l'ombre des cyprès que la brume décore
Drape de son soupir l'infini de nos pleurs…

Ton absence…

Ton absence au présent comme la nostalgie
De ce futur que tu ne partageras pas
Avec nous ton absence à jamais élargie
Au vide en devenir que signe ton trépas

Ton silence répond à nos éphémérides
Une chronologie où les temps suspendus
A la cosmologie ont les rêves arides
Et tous nos arguments sont ici confondus

Et notre spleen jaillit de cette incohérence
C'est le mal d'un pays où tu n'iras jamais
Et le manque précède un écart de carence
Qui pour autant n'aura de terme désormais

C'est cela le néant cet espace sans ligne
Où flotte un temps sans âge un non-être indistinct
Abîme sans retour que le tombeau désigne
Vêtu dans le lambeau d'un décor clandestin

Ton absence au présent comme la nostalgie
De ce futur que tu ne partageras pas
Avec nous une absence où l'on se réfugie
Dans la réalité toujours de ton trépas…

L'écho De Profundis…

Quel est donc ce tic-tac qui vibre au fond de soi
Alors qu'à la lumière on a vu les aiguilles
Arrêtées pour toujours n'est-ce donc qu'un émoi
Ou bien le mouvement de leurs tendres esquilles

Comme un membre fantôme « existe » dans l'esprit
De l'être mutilé qui le sent se débattre
Comme l'écho d'un son comme l'écho d'un cri
Qui n'en finit jamais le soir auprès de l'âtre

Et comme un tremblement qui reste bien réel
Après le choc passé comme aussi cette extase
Qui grise la raison juste à son seul rappel
D'un tout qui se prolonge émerge une autre phase

Ce sont des ricochets que l'on a dans la peau
Sont-ils là réflectifs ne sont-ils que mémoire
On dit n'être pas fous ce n'est pas du pipeau
Cette perception n'est en rien illusoire

A moins que tous nos sens ne soient de ce reflet
Nous tenant dans l'erreur de l'image de l'être
Tout notre entendement serait le camouflet
De cette émotion qu'il nous faut bien admettre

…

La pendule s'arrête et le trépas conclut
La fin des battements du cœur quand il s'embrase
Ce tic-tac éthéré que l'intellect exclut
Spiritualité d'un silence qui jase…

Pierre, Eva, Léo, Anna…

Tant de prénoms dissous dans la ressouvenance
Que sont-ils devenus ces bébés du moment
Deux-cent-cinquante-quatre arbres en résonance
Une terre promise un sol comme un serment

C'était en l'an deux-mille une œuvre originale
Genèse d'avenir que chaque enfant revêt
De son nom de baptême et l'île virginale
Devient cet oasis où le rêve est chevet

Dix-huit années plus tard un bosquet poétique
Accueille les aveux d'un soupir assourdi
Le temps qui transfigure est-il bien authentique
Quand au lever du jour le soleil resplendit

Peut-être quelques plants n'ont jamais vu leurs branches
Se couvrir de bourgeons pour perler le récit
D'un espace édénique où les bals des dimanches
Agrémentent la vie en un ciel éclairci

Peut-être quelques troncs sont devenus difformes
Cabossés par le sort ou privés de chaleur
Des corps tuméfiés qui s'échappent des normes
Peut-on voir leur couleur peut-on saisir leur pleur

Sûrement quelques fleurs ont jailli de la sève
Distillant leur parfum tout près des promeneurs
Qui s'en sont délectés quand jamais ne s'achève
Le bienfait du bonheur loin de tous déshonneurs

…/…

Les feuilles sont tombées enrichissant la terre
Leurs beautés en automne ébruitent le choral
Du cycle des saisons l'œuvre a du caractère
Dans l'écho des berceaux le rythme est sculptural

Dix-huit années plus tard un bosquet poétique
Une terre promise un sol comme un serment
Le temps qui transfigure est-il bien authentique
Que sont-ils devenus ces bébés du moment…

Ecrit après une promenade dans les jardins du « bois de l'avenir » à Orvault.
Ces jardins ont été aménagés et ouverts en 2000 sur une idée de la municipalité : planter un arbre pour chacun des enfants orvaltais nés en l'an 2000 (254 naissances). Les jardins sont donc parsemés de 254 arbres avec de petits écriteaux indiquant pour chacun le prénom de l'enfant.

Retomber en amour au-delà de la mort…

C'est comme une amnésie on discerne ses traits
Sans trop les reconnaître une trace flottante
Car l'on ne comprend pas ces aperçus abstraits
Qui signent plus ou moins cette absence existante

Retomber en amour après s'être perdu
C'est d'abord renoncer bien vouloir se défaire
D'un vivant altéré par un instant rendu
Et ce nouveau miroir il faut s'en satisfaire

Retomber en amour sans accusation
Sans culpabilité pour brouiller la sentence
Sur cet énorme point d'interrogation
Qu'on ne peut maîtriser un sort en pénitence

Consentir à la peine au tourment du « sans toi »
Et sans même un caprice et sans même une cause
Consentir à la peur au tourment du « sans toit »
Même si l'esprit semble en proie à sa narcose

La raison cohérente ici n'existe pas
C'est tout juste un semblant qui grise l'anamnèse
Marque d'un déjà vu peut-être le trépas
N'est bien là qu'une fin plutôt qu'une genèse

Le socle du destin reposerait sur quoi
Ces aperçus abstraits ces cortèges d'images
Cette trace flottante et le sens reste coi
Les refus les dénis ne sont là qu'écumages

…/…

Pour un instant volé dans les flux et reflux
D'un intellect houleux jusqu'où j'irais m'abstraire
Loin de ces trompe-l'œil loin de ces superflus
M'éclipser doucement d'un silence arbitraire…

Inhérent au Vivant…

La foi grandit au seuil de multiples chapelles
L'âme a besoin d'un Père afin de s'accomplir
Force d'une genèse où les pensées nouvelles
Naissent bien d'une cause inspirant l'à venir

On peut bien adopter parfois un autre père
Et proclamer sacrée une autre déité
Voire même une idée une école repère
Qui professe autrement la même humanité

La révélation du Dieu théologique
Est ainsi bien souvent doublée en intellect
Qui la métamorphose en foison liturgique
Un autre dieu sur place un bien fondé sélect

Crédo dans le progrès crédo dans la science
Dans le sens de l'Histoire ou dans un voile abstrait
On « remplace » la Bible et c'est une abondance
De raisons d'avancer pour percer le secret

La foi grandit au seuil de multiples chapelles
Une force de croire où l'homme se choisit
L'âme a besoin d'un Père et les voies sont parcelles
D'un espace sans fin qui parfois le saisit….

<u>Sibylline plénitude…</u>

Si le désir d'écrire un poème serein
Pouvait tout doux permettre un temps de quiétude

Si l'appel à sentir un effluve marin
Pouvait fertiliser l'instant de solitude

Si l'envie au toucher de caresser l'écrin
Pouvait panser l'amer de la décrépitude

Alors dans l'abandon que serait le chagrin
Une larme versée ou son incomplétude ?

Mourir en paix...

Que faut-il donc apprendre à l'ombre du regret
Quand celui qui s'éteint épargne à ceux qu'il aime
L'instant du dernier souffle et décède en secret
Seul à l'aube d'un jour dénouant l'anathème

Mourir à la maison se tenir par la main
Pour se dire au revoir n'est-ce là qu'un fantasme
Spécifique aux vivants qui ne veulent demain
Devoir s'en repentir après l'ultime spasme

Se retirer de tous peut-être par pudeur
C'est là l'intimité de celui qui rend l'âme
Il s'est abandonné loin de toute laideur
L'a t'il ainsi voulu tout l'amour le proclame

Et la raison s'agite à vouloir mettre au clair
Ce qui sera toujours un coin d'ombre à permettre
Qu'il ait pu mourir seul était-ce là l'impair
De toute sa famille ou bien son vouloir être

Etre là pour aimer n'est jamais préluder
A la place une route et justement la force
C'est rien que d'être ensemble et savoir s'entraider
Toujours en libérant ce que la tombe amorce

Car tout être a le droit de faire en lui ses choix
De traverser sa mort et même en solitaire
Les « passeurs » ne sont là que pour quelques parois
Qu'il faut mieux éviter ce n'est que fragmentaire

.../...

Et l'on dit que l'on meurt comme l'on a vécu
Dans un esprit lucide et fidèle à soi-même
Certains disent Adieu d'un accent convaincu
D'autres vont se cacher dans un silence extrême

La culpabilité cherche à donner du poids
Mais l'amour est léger jamais il ne s'impose
La mort offre aux vivants l'arcane des émois
Qui déposent tremblants sur sa tombe une rose…

Sublimer le Silence…

Vouloir mettre des mots sur le nu du silence
Sur la virginité du verbe dépouillé
De toute enjolivure est-ce là l'insolence
De l'amant d'une Muse au corps agenouillé

Son geste d'écriture est comme une caresse
Qui va se fondre en elle au-delà du sujet
Il n'est pas impudique et c'est là sa tendresse
Il peut la pouponner sans craindre le rejet

Il voudrait tant l'aimer que leur serment de plume
Est signé d'absolu transcendant l'achevé
D'une ligne tracée et l'infini transhume
Vers la paix du soupir où leur souffle est lové

Serait-il ce Silence enfanté du poème
Ou bien celui de l'aube où naît l'émotion
L'utopiste peut-il pénétrer le suprême
Que la grâce d'un vers serait vocation…

Le temps d'un entre-temps...

C'est une apesanteur où s'éprouve l'exil
Un monde parallèle un entre-deux étages
Où tout semble distant la lumière en grésil
Scintille comme une ombre exposant ses floutages

L'étanche brise-vent qui coupe du réel
Le rend impénétrable et la raison s'estompe
Faudrait-il donc attendre un souffle d'idéel
Ou préjuger du cœur juste comme une pompe

La vie est déclinée en ce mode d'emploi
Qui parfois s'éparpille en d'incomplets articles
Dépouiller la notice engendre un désarroi
Qui rend vertigineux ces semblants d'épicycles

Est-ce l'évanescence où tout l'être est flottant
Est-ce la solitude où l'apparence est nue
L'intervalle proscrit du désert grelottant
C'est l'épreuve de soi de l'âme détenue

...

Dans cette apesanteur où s'éprouve l'exil
La lumière en grésil scintille inassouvie
La clarté du reflet rend le souffle subtil
Seulement l'effleurer c'est si court une vie...

La tragi-comédie de la vie…

Les vivants ont souvent une étrange aptitude
Lorsque devant la tombe ils sont là comme si
Pour camoufler à tous leur propre solitude
Ils se montrent plaisants le cœur léger ainsi

Les voyants ont souvent une étrange habitude
Lorsque face à l'aveugle ils parlent haut et fort
Pour contrebalancer sa dissimilitude
Ils se montrent badins balayant l'inconfort

Les valides de même ont l'étrange attitude
De ceux qui font semblant face au handicapé
De ne pas voir l'écart de tout ce qu'il élude
Toujours mine de rien pour croire le tromper

Mais qui croient-ils berner par cette quiétude
La fausse charité simulant d'étancher
La désolation n'est là que servitude
A nier leur réel trop vite endimanché

Qui croient-ils élever au rang de gratitude
Le regard complaisant de celui qui parfait
Les contours cabossés de leur incomplétude
Ou celui qui se sait jouet de leur forfait

…

Car le cœur a souvent cette étrange hébétude
Lorsque dans un sourire il invente le jour
Le vivant en secret pleure sa finitude
Dans cette mise en scène il erre en troubadour…

Article sans cause…

Puisque l'on peut tout perdre avant notre trépas
De rien nous ne pouvons être propriétaires
« Mon » mari, « mes » enfants ne « m' » appartiennent pas
De leurs propres désirs ils sont dépositaires

« Ma » maison tout autant peut un jour s'écrouler
« Je » ne pourrais alors empêcher ce ravage
« Ma » voiture et « mes » biens on peut « me » les voler
Et même « ma » mémoire est un simple archivage

Ceci jusqu'à « mon » corps que l'on peut « m' » amputer
Un désastre impensable où le « je » dégringole
Eprouver à ce point que tout n'est que prêté
C'est bien cette misère où « mon » esprit s'affole

Quand on a tout perdu peut-on se relever
On parle de survie ou de résilience
Reviendrais-« je » de tout ce « je » qu'inachevé
Serait-il donc alors juste une expérience

Car surtout mon vertige approche là ce « moi »
Qui n'est que feu de paille ou pour lors qu'une image
L'objet la conscience un éphémère émoi
Singulière « existence » où l'hôte est mon mirage…

Aveu de l'existence…

Tant que tout est banal notre relation
Avec l'autre est facile inscrits dans l'habitude
Les liens nous relient en gémellation
Ils sont à notre image un vœu de complétude

Mais il est des instants où le mortel en nous
Fait surface autrement percevant l'existence
D'un sentiment nouveau fléchissant les genoux
Sur une autre banquise et de là nait l'errance

Nous prenons conscience en quittant le chemin
De tous les attendus que tant de ces visages
Nous sont là bien lointains l'isolement humain
Se dévoile au grand jour et l'on tourne les pages

Car nous sommes bien seuls derrière le semblant
L'intimité de soi c'est toujours une épreuve
Par essence indicible elle est là nous doublant
Sur la soif d'un accord qui jamais ne s'abreuve

« Nous sommes condamnés à vivre à mourir seuls »
L'adage bien connu prend corps dans la pensée
Que nous fournit l'échange aussi près des linceuls
On fabule en sourdine une osmose insensée

Parfois l'on croit trouver l'être semblable à nous
On dit d'une âme sœur qu'elle sait nous traduire
Même dans le silence un sentiment si doux
Participe aux idées il vient là nous séduire

…/…

Mais « se dire » vraiment dans les espaces clos
De la réalité n'est-ce pas qu'une image
Ce qui nous lie au monde est juste un rêve éclos
D'une similitude encore en démêlage

Car il est ces instants où le mortel en nous
Fait surface autrement percevant l'existence
D'un sentiment nouveau fléchissant les genoux
Sur une autre banquise il pénètre l'errance…

A travers la fenêtre…

Quand le brouillard se lève au plus clair des hivers
C'est le serment sans fin d'un soleil à permettre
Tout enivré d'espoir sur les cieux entrouverts
Des rêves oubliés que le souffle pénètre

Une brèche embrasée au seuil du temps présent
Qui rallume la cendre où la mélancolie
Effaçait l'appétence un passage épousant
Le rayon de beauté qui soudain se déplie

Et là le cœur se sent comme ragaillardi
Il se dévêt du froid pour aller se détendre
Dans la nature offerte où le charme engourdi
Parait lui dévoiler son accord sans attendre

Derrière la fenêtre il est de ces soleils
Qui tiennent leur parole il en est bien de même
Qui ne sont que semblants des mirages vermeils
Ondulant sur le givre où prend pied l'anathème

Comme un astre maudit qui blasphème la foi
Endeuillant la lumière en livrant l'innocence
Aux reflets de son ombre et c'est le désarroi
La grâce de la flamme était juste insolence

Mais d'où vient le mensonge est-il commencement
Infidèle origine enfantant sa dépouille
Où tout se jouerait-il dans cet aveuglement
Derrière une apparence où la raison bredouille

Quand le brouillard se lève au plus clair des hivers
C'est le serment sans fin d'un soleil à permettre
De l'éclat qui répond l'écho des univers
Et des désirs dissous que nous faut-il admettre…

Ad vitam æternam...

Sur le socle du temps les aiguilles dérivent
Vers l'espace fini de leur propre saison
Deux petits bras ouverts les tours qu'elles inscrivent
Et l'existence n'est qu'un éther en prison

Cent-quatre vingt degrés et l'heure peut s'abattre
D'un coup sans alternance un vide pour l'esprit
Pour autant détenu dans cet amphithéâtre
Qu'est la réalité d'un monde circonscrit

Un flot d'absurdités macère dans l'abîme
Où l'âme se morfond comme un néant gorgé
D'une atmosphère à sec contraste illégitime
Avec l'imaginaire et ce qui l'a forgé

De l'univers borné vers l'être qui le pense
Le passage est étroit l'écart est étouffant
On ne peut concevoir en niant l'évidence
L'éternité de l'âge en un ciel triomphant

...

Sur le socle du temps les aiguilles dérivent
Vers l'espace fini de leur propre saison
Deux petits bras ouverts les tours qu'elles inscrivent
Et l'existence au fond n'est que défloraison...

L'adoption des ombres...

Comme pour s'abriter du plus insoutenable
L'âme a parfois recours à d'étonnants moyens
Un intime sommeil au corps imperméable
Qui vient l'envelopper d'oublis qui sont les siens

C'est la fuite du temps c'est la fuite des ombres
La douce anesthésie où s'endort la douleur
Elle permet alors au milieu des décombres
De filtrer le réel en traînant sa pâleur

Dans un regard atone en mode automatique
On subsiste au plus mal et le chaos passé
On se demande parfois quel reflux lunatique
A porté la conscience et qu'a t'il effacé

Un instinct protecteur au pouvoir hypnotique
Qui vient spontanément au secours du vivant
Mais ce n'est qu'une bulle et l'effet narcotique
Imperceptiblement va se désactivant

La blessure est sournoise au départ endurable
Elle devient plus vive et l'on comprend alors
Qu'elle sort du coma retour incontournable
A la réalité dans ses sombres décors

Commence pour l'esprit cette convalescence
Qui parait au départ être régression
Le flash-back d'un vertige en seconde naissance
Qui vient pour perturber la reconstruction

…/…

Mais toujours pour autant la vie est créatrice
Ce n'est pas dans l'oubli que l'on peut s'élever
Mais dans l'assentiment de cette cicatrice
Des ombres adoptées au creux de l'achevé

Et le deuil c'est cela cet appel à la vie
Après une ankylose un temps bien abrité
Rencontrer la détresse à jamais asservie
L'accepter telle quelle apprendre à l'habiter…

Mystérieux entendement...

On dit parfois d'un tel c'est une belle vie
D'un autre seulement qu'elle est banalité
Jusqu'à son épitaphe une humeur desservie
Par des regards contrits sans grande dignité

Etonnant sens commun qui s'accorde à conclure
Par ce compte-rendu l'intime de chacun
Un verdict indécent voire même doublure
D'un regard mutilé par un désir mesquin

Au nom de quel barème on coterait l'histoire
Qui permettrait ainsi de jauger la valeur
De ce qu'une personne a laissé pour mémoire
Que sait-on du bonheur et que sait-on d'un pleur

Car l'accomplissement dans le regard des autres
N'est souvent qu'un mirage et l'égo satisfait
Dans la publicité des joies qui sont les nôtres
Nourrit tous les clichés d'un nirvana surfait

Même lorsqu'on a « tout » travail santé famille
On sait bien qu'il se peut avoir d'autres regrets
Tout comme les semblants d'un luxe qui vacille
Ne sont pas à coup sûr de maudits couperets

L'abord ne suffit pas ni même l'intervalle
Entre plusieurs saisons car on se convertit
Au fil de son destin le sort part en cavale
Nous changeons d'idéal et même d'appétit

…/…

Et c'est sans évoquer la vie intérieure
Qui souvent n'est lisible au travers de nos mots
Que par un petit nombre et celui qui l'effleure
La ressent tout autant selon ses joies ses maux

Aucun n'a le statut d'expert en belle vie
Pour se représenter ce qu'est celle d'autrui
L'amour que l'on perçoit la passion l'envie
Ne sont que les vertus d'un réel qui s'enfuit

Et si le sens était dans la quête un peu folle
De découvrir enfin l'argument plus vital
Que l'objet du vivant quand par une parole
L'être se réalise au-delà du fatal…

<u>Une place particulière…</u>

On revit son enfance à travers les amis
Que l'on en a gardés les témoins de cet âge
Où tout était possible où tout était permis
Sans même mesurer cet innocent partage

Bien sûr la vie après créa d'autres liens
Des rencontres ici des belles circonstances
Ces sentiments certains ces précieux soutiens
Dans la sincérité sont tellement intenses

Car on les a choisis sans rapport de raison
Avec notre berceau ce sont nos choix de vie
Qui les ont trouvés bons l'intime floraison
De notre devenir d'un désir qui convie

Ce sont diverses mues qu'on aime apprivoiser
Dans ce nouveau présent l'on se sent à sa place
Près de celles et ceux venus pour embraser
Bien plus tard le voyage ils sont comme une grâce

Pour autant on ne peut là que leur raconter
Ce qu'est notre genèse une fable une histoire
Alors qu'elle nous est dans un miroir flouté
Si vivante et si chère elle est notre mémoire

Peut-on prendre en chemin l'existence d'un tiers
Et peut-il nous trouver dans tant de zones d'ombre
Bien sûr que c'est possible et sans se montrer fiers
On a cette aptitude et rien ne se dénombre

Mais les amis d'enfance auront toujours ce don
De nous faire vibrer d'un seul éclat de rire
Plus besoin de tricher ni rancœur ni pardon
On cesse d''être grands le temps soudain s'étire…

Dans l'écume du temps...

Il est de ces échos qui raniment la braise
Que l'on cherche à couvrir de ces miroirs de feu
Qui diffusent le souffle après son exérèse
Une sourde rumeur aussi bien qu'un aveu

Un hiver dans le jour qui suspend la lumière
Ce souvenir d'un corps accouchant de la mort
Dans l'écume du temps notre âme est prisonnière
Peut-elle s'affranchir au prix de quel effort

Dans la confusion des raisons qui se cherchent
Le soleil se consume en écorchant la nuit
La cendre du bonheur voudrait tendre la perche
A l'oubli de la flamme et s'offrir à l'ennui

Mais le désir est là victime d'une larme
Comme à perpétuité c'est sa vocation
Il réveille la sève en lui faisant du charme
Alors notre amnésie est suffocation

Jamais l'on ne saurait tourner vite la page
De l'amour de la vie et c'est le clair-obscur
Son contraste obsédant qui force le passage
Quand la mémoire pleure à l'aube du futur

Il est de ces échos qui raniment la braise
Que l'on cherche à couvrir de ces miroirs de feu
Qui diffusent le souffle après son exérèse
Une sourde rumeur accomplit là son vœu...

De la réponse à la question…

Se dire « jamais plus » pour ne pas évoquer
Une épreuve vécue un passé qui s'efface
C'est un peu l'oublier on veut l'éradiquer
Pour ne pas ressentir cet émoi qui nous glace

Jamais plus on n'ira marcher sur nos douleurs
On enterre la mort comme une erreur d'enfance
Que l'on ne veut plus voir sous un amas de fleurs
On absout ce faux pas on prend de la distance

Jamais plus on n'ira sur les terrains glissants
Du doute et de la peur ils sont trop difficiles
Quand il faut contrôler leurs sanglots vagissants
On les jette aux fossés tels des riens indociles

Jamais plus on ira sur les lieux des méfaits
Où nous avons chuté mieux vaut tourner la page
Et méconnaître ainsi nos remords leurs effets
Qui font encore écho comme un sourd héritage

Se dire « jamais plus » non pour se convertir
Mais pour bien s'assurer ne pas devoir revivre
Les non-sens les chaos venus assujettir
L'intime vérité d'un « soi » que l'on dit libre

Cette philosophie avec le temps nous ment
Car dans notre disgrâce il est de ces tumultes
Qui sont récidivants notre tempérament
Et tous les coups du sort qui sont pour nous insultes

…/…

Un fictif « jamais plus » n'est que négation
Du destin du réel mais aussi de soi-même
De ce véto peut naître une autre question
« Comment faire autrement » qui change l'anathème

« Comment faire autrement » que renier la mort
En pleurant le vivant comment savoir s'instruire
De ses propres erreurs colmater le raccord
Plutôt que l'enfouir pour mieux le reproduire

« Comment faire autrement » … c'est là le tain vital
Posé sur le miroir de l'âme en son errance
Comme reflet d'un choix favorable ou fatal
On peut tout enterrer mais vers quelle semence…

Un don de plénitude…

Tout ce qui rend heureux tout ce qui fait grandir
C'est bien souvent quelqu'un mais parfois ce peut être
Ce livre ou bien ce film qui vient nous étourdir
Ce métier que l'on aime et que l'on veut transmettre

Ce peut-être un objet ce peut-être un séjour
Qui soudain dépayse il est tant de mobiles
Pour se trouver comblés à chaque carrefour
De ce qui semble un choix les joies sont volubiles

Mais dans chaque faveur rien pour s'enorgueillir
Si l'on regarde bien tout nous vient là des autres
C'est un attachement que l'on doit accueillir
Ils ont su nous guider comme de doux apôtres

Toujours à l'origine une parole un mot
Entendus par hasard ou bien même un partage
Sur une expérience ont été ce rameau
Devenu fécondant tel un secret ancrage

Ce livre conseillé juste par un ami
Ce pays présenté dans un bel auditoire
Et parfois tout petits un jour on a frémi
En entendant quelqu'un parler de son histoire

Et nombreux sont aussi tous ceux qui ont choisi
Une profession parce qu'ils se souviennent
Juste d'une rencontre un instant là saisi
Au vol d'une ferveur que soudain l'on fait sienne

…/…

Quelle félicité serait née au final
D'un talent personnel confesser l'origine
Exhume une autre joie un aveu sans égal
On a beaucoup reçu l'existence est divine...

« La gratitude nous dévoile l'abondance de la vie » (Mélodie Beattie)

L'oxymore du devenir…

Quand « Demain » ne sera peut-être bien jamais
Il vient nous torturer pourtant de son absence
Toute notre espérance entre ses guillemets
Serait illusion hideuse est l'évidence

Le penser incertain c'est le sens qui périt
Car s'il n'est là qu'un rêve il est notre principe
Essence du désir il porte notre esprit
Vers sa seule raison tout l'être y participe

Même son amnésie afflige l'existant
Car la mémoire crie un écho réfractaire
Sembler le méconnaître est en soi déroutant
Puisqu'il est incrusté sur notre baptistère

Alors sa défaillance est une absurdité
Pour tout l'entendement comme un vil paradoxe
Avec l'instinct de vie où l'instant effrité
Veut toujours expulser le clair de l'équinoxe

Quand « demain » ne sera peut-être bien jamais
Il vient nous torturer pourtant de son absence
Toute notre espérance entre ses guillemets
Comme une nostalgie où meurt toute semence

Ephémère serment...

Une amitié déçoit qu'une autre se révèle
Il est courant de dire au moment d'un revers
Que l'on découvre sous une clarté nouvelle
La valeur des liens tenus à cœurs ouverts

Les uns vont s'effacer leur image se floute
Espaçant les contacts nous quittent en douceur
Les autres clairement nous laissent sur la route
Ils s'enfuient ombrageux dissipant tout traceur

Mais arrivent certains qui ne sont pas encore
Ceux que l'on espérait soutiens inattendus
Qui viennent nous surprendre un baume qui colore
Cet horizon bruni par les malentendus

Dans tous les cas l'épreuve est significative
On apprend malgré soi sur qui l'on peut compter
Qui l'on doit oublier l'incidence affective
Est souvent un chaos qu'il nous faut affronter

Cette réalité que nous enseigne-t-elle
De la misère humaine et de nos vanités
Tout au bout de l'absence elle nous écartèle
Nos sentiments ne sont que frêles vérités...

Il est de ces richesses…

Partout toujours l'on parle et bien sûr il le faut
Des actes destructeurs et même terroristes
Cette force du mal qui nous prend en défaut
Les crimes les viols et tant de faits si tristes

Il faut continuer surtout ne pas couvrir
D'un silence contrit toutes ces barbaries
Car ce serait trahir en les laissant mourir
Une seconde fois toutes ces voix meurtries

Mais pour autant un jour ne pourrions-nous donc pas
Parler aussi de ceux qui dans la modestie
Œuvrent pour élever plus haut que le trépas
L'humanité blessée en force d'amnistie

Pour nous laisser toucher nous bousculer autant
Par la paix qui habite un cœur si charitable
Les bâtisseurs d'amour on en parle un instant
Juste des mots épars et c'est là regrettable

Dénoncer le malheur de tout notre univers
Peut être saine aigreur voire aussi salutaire
Mais rien n'est aussi bon que révéler l'envers
Cette beauté de l'être au seuil de son mystère

Pour se laisser gagner par la force d'aimer
Eduquer son regard à l'empreinte de vie
Qu'il n'ait pas été vain d'avoir voulu semer
Quelques fleurs d'abandon sur la roche gravie…

"Un arbre qui tombe fait plus de bruit qu'une forêt qui pousse."

Pureté originelle…

Le rire d'un bébé c'est toujours un secret
Entendu que les mots n'ont pour lui d'existence
Comment formule-t-il la joie et son bienfait
S'animer sans penser quelle est sa conscience

Se créer une image ou se représenter
L'idéal magnifique est-ce là l'innocence
De son évanescence une nécessité
Pour lier le réel à notre vraisemblance

Le petit saurait-il être en communion
Avec la transparence une parole étrange
Que le langage filtre intime émotion
Avant le souvenir que l'intellect effrange

C'est la virginité de l'exaltation
Qui petit à petit serait éclaboussée
Par l' «âge de raison » la révélation
De toute rhétorique est justesse émoussée

L'indicible n'est bien accessible qu'à lui
Le temps de l'origine est vite allégorie
L'ange va cogiter ainsi se déconstruit
La grâce de l'éclat et de sa féérie

Dysharmonie…

Dans le temps liturgique où l'amour est vainqueur
L'année est composée avant tout d' «ordinaire »
Les grands évènements qui retournent le cœur
S'implantent dans les jours que le banal génère

Dans le temps des saisons qui rythment l'univers
On marque l'équinoxe on marque le solstice
Mais dans ces entre-deux entre printemps hivers
On vit le quotidien l'émérite est factice

Et l'on sait que toujours le dormant renaîtra
La gloire de la vie est la boucle promise
Le temps a ce dessein quand il disparaitra
D'exhumer la lumière et l'attente est permise

Sauf que dans l'intervalle où s'accordent les ans
La mort s'est installée au creux d'une arythmie
Et les temps rituels se font déconcertants
Comment commémorer dans la vie endormie

Un aller vers la joie appauvris d'un parent
C'est bien là cette épreuve où toute renaissance
Rime avec insolence et l' « ordinaire » offrant
Le serment d'une Foi que le silence encense…

Vases communicants…

Assécher les pleurs des soirs de lassitude
Pour abreuver la joie indocile à l'ennui
C'est un peu ce concept de vases à l'étude
Transposé sans complexe au pourquoi de la nuit

Aragon comme Sartre ont si bien su l'écrire
Le sombre et la lumière enivrent l'univers
Assouvissent ensemble une larme un sourire
L'un donnant sens à l'autre un reflet des envers

Avec Saint Ex « ce qui donne un sens à la vie
Donne un sens à la mort » oxymore vital
Pour animer l'esprit d'un souffle qui convie
A la profondeur d' «Etre» au sens sacramental

Faudrait-il pour autant goûter le paradoxe
Eprouver le néant pour le remplir du goût
De la félicité jouir de l'équinoxe
Pour piller le soleil d'un savoureux bagou

Le bonheur est Délice il faut l'aimer intense
Sans rechercher l'envers pour croire l'élever
Mais s'il nous faut plonger dans le noir en latence
Que l'on puisse en saisir l'éclat d'inachevé…

Déchronologie…

L'immuable retour sur le calendrier
Des fêtes et saisons impose l'échéance
De la première fois où le temps meurtrier
Par ce qu'il a repris rend bien lourde une absence

C'est une humeur nouvelle aussi près des décors
Qui reviennent en force et remuent la mémoire
Tous ces Noëls d'avant ces intimes trésors
Que l'on n'oubliera pas enchantant notre histoire

La table est ainsi faite ornée à chaque hiver
Les vœux les airs joyeux doivent faire assemblée
Car tout autour de soi le vide est recouvert
Du silence requis la date est trop ciblée

Alors on fait semblant de répondre aux désirs
Des milieux ambiants pour ne pas compromettre
La popularité des instants de plaisirs
Inscrits sur l'almanach qui devient là le maître

Peut-être un rituel qui pare malgré tout
L'amour de ses couleurs car juste avec les proches
Il n'est de comédie et c'est comme un atout
Qu'habiter cet après sans jouer les fantoches

Un cycle inopportun mais nécessaire aussi
Car il reconstitue un écho pêle-mêle
Cimentant le repère et l'honorant ainsi
D'un jamais oublié que le jour ressemèle

…/…

Tant pis cette fois-là si le sol tremble un peu
La brèche est trop fragile et le pleur si sincère
Sur tant de souvenirs on fait ce que l'on peut
L'indulgence toujours quand le tourment lacère

L'immuable retour sur le calendrier
Des fêtes et saisons impose l'échéance
De la première fois dans un temps cendrier
On tisonne la braise où va l'évanescence…

Chaque jour est en lui…

Chaque jour est en lui le dernier d'un hier
Maintenant souvenir tout en étant genèse
D'un devenir à vivre un instant qui requiert
Beaucoup d'égards parmi l'attente et l'anamnèse

Car s'il est bien admis qu'il nous faut le saisir
Ce précieux présent est aussi solitaire
Au cœur de sa chimère un fragile plaisir
Qu'il faut abandonner à ce qui le fait taire

Savoir rire et pleurer de ce qu'il l'a construit
C'est l'épurer du temps dans lequel il se lave
Qu'en reste-t-il au juste est-il encore instruit
D'un peu d'éternité qui là le désenclave

C'est la santé de l'homme ou son infirmité
De ne pouvoir s'extraire au cycle d'une marge
Dans laquelle il se pense une conformité
Avec sa destinée à l'horizon plus large

…

Chaque jour est en lui le premier d'un adieu
Maintenant méconnu tout en étant mémoire
D'un jour en survivance un instant au milieu
De deux courtes saisons quand s'écrit notre histoire…

A l'envers de l'aurore...

Dans la simplicité de ce soleil levant
Attisant le silence où sommeillait l'espace
Le temps désengourdit la psyché du vivant
Pour lui signifier sa noblesse fugace

Car déjà la distance évide l'horizon
En filant vers plus loin l'ouest en ligne de mire
Le rétro met au jour l'existence prison
Son reflet éblouit l'arrière qu'il conspire

C'est juste une escapade inoffensive en soi
Qui laisse la lumière à l'envers de sa cible
La raison du voyage acquitte le convoi
De dédire le sens d'un astre insubmersible

Mais lorsque le frisson vient troubler l'intellect
L'évidence objective est comme allégorique
L'âme est soudain troublée et d'un impact direct
Ce miroir aveuglant devient dissymétrique

Initier le jour en allant vers l'avant
C'est saisir sa lueur dans l'écho de l'image
Quand le souffle s'éprend d'un réel s'esquivant
C'est une vérité qui part en effeuillage...

Une vie pour naître, une seconde pour mourir…

Les gâteaux succulents des meilleurs pâtissiers
Arrivent sur la table érigés en sourdine
Par ces grands maestros timides cachottiers
D'un savoir-faire unique aptitude divine

Un semblant de tout fait qui pourtant a valu
Des heures de travail et beaucoup d'exigences
Pour peaufiner cette œuvre une soif d'absolu
Qui les a retranchés comme au bord des errances

Mais n'est-ce donc pas là le point commun de l'art
L'œuvre d'un créateur y compris d'un poète
Est l'aboutissement d'une quête à l'écart
Du bruit de la vitesse une union secrète

C'est là le décalage entre la mise à jour
D'un produit dit « fini » que l' « architecte » livre
Parfois même anonyme et cet intime amour
Qui puisqu'il l'a nourri le fait encore vivre

L'ouvrage terminé voilà qu'il est posé
Sur un fragment d'espace étagère ou cuisine
Prêt pour le ressenti qu'il saura susciter
Un instant de plaisir sa brévité chagrine

Le temps de savourer même en le prolongeant
Est toujours très fugace une œuvre se consume
En l'éclair d'un caprice et souvent négligeant
Le don de son auteur que l'éphémère inhume

La vie est cet ouvrage … et nombreux sont tous ceux
Qui surent l'ennoblir mais le jour du voyage
Les témoins en font cas puis vite insoucieux
Ils en oublient l'amour bien court est tout hommage…

Parce qu'il était homme...

La mort n'encense pas la mort ne ternit pas
Quand celui qui nous quitte habite la mémoire
Sans la sophistiquer des chiqués du trépas
Il demeure le même empreint de son histoire

Au temps de son vivant nous disions ses défauts
Comme ses qualités ce n'était pas un ange
Mais non plus un méchant il serait donc bien faux
Maintenant de truquer ce conforme mélange

Bien sûr nous préférons garder que le meilleur
Et l'absence révèle à quel point il nous manque
Dans tout ce qu'il nous fut le souvenir veilleur
Prolonge le plus doux dans une intime planque

Mais sans réquisitoire on rit de ses travers
Qui le définissaient tout simplement en homme
Il est parti de même et c'est sans mots couverts
Qu'il faut parler de lui comme il était en somme

Car qu'importe tout ça pour nous l'essentiel
C'est qu'il nous ait aimés d'un amour si sincère
L'unique sacerdoce élevant le mortel
Si près des bienheureux survit à la misère

Parti vers la lumière il n'avait plus que ça
Dépouillé de ces « riens » qu'il nous faut désapprendre
Ce sentiment si pur quand la mort l'embrassa
Eclairera toujours la beauté de sa cendre

Et moi qui suis ici pour un temps incertain
Pourvu que mes enfants soient sûrs de mes « je t'aime »
Pour nourrir leur pardon loin de tout baratin
Lorsque sur le tombeau croîtra mon chrysanthème...

L'intrigue de la cause…

A la lumière des évènements présents
Qui se sont dressés là souvent imprévisibles
Communément l'on fait des examens pesants
Des signes du passé pourtant irréversibles

On voudrait tant comprendre un peu d'une raison
Qui nous expliquerait le pourquoi de la chose
Nous n'avons pas su voir cette heure en floraison
Dans les années passées quelle en serait sa cause

Et cette obsession devient un cauchemar
A trop vouloir fouiller à trop vouloir défaire
On en revient au même un sombre canular
On s'invente un destin le remords légifère

Mais le film à l'envers n'est qu'une fiction
Un déroulé du temps qui n'a pas de substance
L'engrenage est truqué cette projection
Du jour dans sa mémoire abuse l'évidence

La vie est une courbe épousant l'azimut
Tout ce qu'elle saisit au détour du voyage
N'augure pas toujours l'histoire de son but
Pourquoi donc la corrompre en détournant l'image

A la lumière des évènements présents
Qui se sont dressés là souvent imprévisibles
La pénombre accomplit sur les reflets gisants
La raison du hasard vers des fins indicibles…

A l'aube de l'année nouvelle...

C'est la tradition des vœux cartes postales
Balancés à tout va d'un air bien comme il faut
Les amabilités sont ici capitales
Et tant pis si parfois la vertu fait défaut

Le monde du travail celui du voisinage
C'est le corps social qui soudain se traduit
Par des poignées de mains selon l'air selon l'âge
Parfois une embrassade un naturel induit

Il faut bien jouer le jeu car nous vivons ensemble
Les codes sont vitaux pour bâtir l'unité
Sans machiavélisme admettre aussi qu'ils tremblent
C'est aussi dégriser trop de mondanité

Car bien évidemment ces rites sont vétilles
Un peu de courtoisie à l'égard de chacun
Mais la sincérité c'est plus que ces gentilles
Risettes de janvier : quelque chose ou quelqu'un ?

Quelqu'un pour qui toujours nous serons là fidèles
Quelle que soit l'année avec son dénouement
C'est bien plus qu'un souhait pour les âmes jumelles
Une belle espérance au creux du nouvel an...

Troublante affinité...

On peut être à côté proches les uns des autres
Et pourtant si distants chacun dans son étant
Feignant de partager des mots qui ne sont nôtres
On simule l'accord tout en s'en contentant

Bien de ces compromis régissent l'harmonie
Y compris celle-ci soupir à demi-mots
Semblant de parenté la cause est aplanie
Par une quiétude aux battements jumeaux

Car l'esprit en lui-même aère son refuge
De tous ces courants d'air qui ne sont que néants
Affinant son mobile il est du subterfuge
Pour s'en faire valoir en maître de céans

Insuffler la présence à l'égard du silence
C'est là tout le secret d'un commun abandon
Solitude de l'être intime confidence
Les murmures de soi sont au diapason...

L'avant-jour à rebours...

L'horloge est à l'envers c'est l'aube qui s'endort
Me serais-je égarée au berceau d'une page
Tous les volets sont clos si près du mirador
Qui domine le livre où l'onde se propage

Tout me reste à écrire au secret d'une nuit
Qui soudain se déplie en battement de plume
Les mots à contresens viennent sceller l'ennui
D'un temps que de passage au rêve qui s'exhume

C'est la virginité d'un silence nouveau
Qui raconte une Muse où le matin s'abreuve
Un filet d'hébétude en un tendre écheveau
De mots et de frissons sur la frange d'un fleuve

Pas même un chat qui passe attestant du vivant
Et le monde endormi saisira l'existence
Pour gémir l'abandon de l'espace mouvant
La griffe d'un émoi qui semble faire offense...

Lecture à double « sens »…

Dans les traits d'un enfant une ligne de vie
Comme déjà tracée au fusain du passé
Héritage émouvant d'une souche ravie
Par un temps kidnappeur dans un rythme espacé

On lui trouve des airs venus de cette histoire
Les reflets d'un album nacrent son naturel
Pour autant sans pareil ce n'est qu'une mémoire
Qui ne peut préluder le cycle est temporel

On ne peut deviner son apparence adulte
Et bien encore moins son masque de vieillard
Dessiner du futur n'est qu'une catapulte
Pour lancer du fleuron vers notre corbillard

Pourtant l'expérience évince sans scrupule
La candeur du possible épelant un portrait
En lisant son principe une autre pellicule
Regardée à l'envers c'est plus qu'un court extrait

Car dès lors que l'on sait le dénouement de l'âge
En ouvrant par la fin les cahiers délavés
De nos tous premiers pas c'est là sans maquillage
Qu'on retrouve nos traits ainsi déjà gravés

Ce sens-là de lecture évente un peu le charme
De l'intrigue vitale et du « rien n'est écrit »
Puisque l'on se rend compte et cela nous désarme
Que notre aspect majeur était donc bien inscrit

…/…

Mais cependant aussi la légende inversée
Révèle un idéel où tout est devenir
Regard sur l'origine ou sur la traversée
La semence est présente appelée à grandir

...

Les reflets d'un album une ligne de vie
Dans les traits d'un enfant il ne faut pas percer
Le mystère à venir qui déjà le convie
A se réaliser sans l'avoir préfacé...

De tant d'inachevés…

Est-ce par négligence ou bien par abandon
Que tant de provisoire évolue en pérenne
Ce « juste en attendant » qui devient l'amidon
Empesant la mesure où le présent s'égrène

Car les cas à foison sont la réalité
De ce propre à l'humain qu'est de perdre de vue
Que le momentané n'est pas finalité
C'est un état précaire et l'omettre est bévue

Sauf que le temps passant somme toute on s'y fait
C'est un inachevé pour lequel on oublie
Qu'il ne devait durer puisque rien n'est parfait
Sa singularité est là comme établie

C'est le regard qui change et lorsqu'il ne voit plus
Cette incongruité dans la chose en attente
C'est qu'il est envahi de reflets superflus
Qui lui font délaisser une ébauche latente

C'est ainsi que partout l'éphémère est entré
Dans sa phase sournoise et chacun pris au piège
S'initie au mirage un moyen orchestré
Pour berner l'existence et la mort qui l'assiège

Car c'est bien à la vie à son inaccompli
Auxquels on s'habitue et tout ce lâcher-prise
Ferait-il oublier dans l'agenda rempli
Que rien n'est éternel juste un jour qui pactise…

Désillusion...

On aimerait tous croire en l'amour éternel
Un fantasme inhérent à l'essence d'un mythe
Ce sentiment si pur au contour solennel
On recherche l'Idée et la forme l'imite

Mais par sa qualité l'amour est compliqué
Coulé dans le mortel il s'esquisse tout autre
Il cherche à composer l'absolu dupliqué
Mais se heurte au réel où tout l'être se vautre

Et les lunes de miel se couchent au matin
Laissant place au néon d'un éden un peu pâle
Une ruse divine un complot clandestin
Le miroir réfléchit une semblance opale...

Tout ce qui n'a pas laissé d'images…

De nos beaux souvenirs nous avons tant gardé
Cristallisant l'instant sur bien des pellicules
Des images des films qui viennent obséder
Ce besoin de remettre à l'envers les pendules

Lorsque nous le vivions était-il un instinct
Qui nous faisait sortir toute l'artillerie
Des appareils photos pour un tendre butin
Qui promettait déjà ces « bis » sans raillerie

Mais pourtant bien souvent ce sont d'autres moments
D'un réel bien vécu qui hantent la mémoire
Qui reviennent en boucle et ces évènements
On n'en a rien sauvés pour relire l'histoire

Cela ferait du bien sans se montrer malsains
Malgré tout de pouvoir épauler la tristesse
De quelques vrais clichés plutôt que ces dessins
Que la pensée esquisse et repasse sans cesse

Car bien sûr le passé dans un miroir spectral
Revient nous visiter mais il est si vérace
Au moment du chaos qu'un réflexe ancestral
Nous a vite exemptés d'en conserver la trace

Ainsi naît l'irréel fantôme d'un instant
Habitant la psyché devenant sa souffrance
Car les pleurs à jamais s'efforcent tant et tant
D'en repasser le film pour saisir l'évidence

L'existence est vitrine où se montre le beau
Qui saura pour toujours réconforter nos âmes
Des cadeaux précieux quand survient le tombeau
Le reste on le charbonne et les reflets sont blâmes…

Cicatrice de vie...

Le pire est à venir on ne sait rien de lui
Il n'a pas de texture à peine un mauvais rêve
Qui vient nous tourmenter au plus noir de la nuit
Un spectre lancinant que l'esprit parachève

Mais lorsque l'on survit à ceux que l'on aimait
Nous percevons déjà sans pouvoir nous le dire
Quelque chose de nous puisque le sort permet
Que le corps se disloque et que le tout chavire

Nos parents n'étaient là que de faux immortels
Le miroir est brisé l'ombre est profanatrice
Le souvenir devient le reflet des autels
Et tout notre avenir oscille en cicatrice

Ce qui est advenu pourrait nous arriver
Un accident brutal la même maladie
La mémoire le sait on ne peut l'esquiver
C'est notre finitude intime tragédie

Et c'est dans cette image au halo contrefait
Que l'on saisit ce « pire » on n'en sait rien encore
Ce que nous pourrions être écho qui fait effet
Dans un entre deux temps que l'alibi décore...

D'une façon ou d'une autre...

Les bonheurs d'un avant si souvent se retrouvent
Au creux de nos frissons des baumes pour le cœur
Faits d'amour de douceur qu'en cachette on éprouve
Comme un temps éternel un infini vainqueur

Les cendres de l'histoire en aucun cas éteintes
Renaissent tout autant charbonnant le présent
D'un mental harcelé par ces estampes peintes
Au pigment clair-obscur du souvenir gisant

C'est l'effet boomerang de la réminiscence
Qui ramène à l'esprit la trace d'un passé
Il a bien existé malgré la résistance
Plus ou moins consciente à vouloir l'effacer

On voudrait tant parfois savoir le désapprendre
Car les années passant et le défi du temps
C'est un nouveau réel que l'occurrence engendre
Et qui fait miroiter des oublis consentants

Alors que de concert l'on voudrait tant revivre
Tous ces instants heureux qui vibrent à part soi
Pouvoir là tamiser la tendresse du givre
Réinventer le jour au plus fort de l'émoi

Bien sûr qu'on y parvient dans bien des circonstances
L'âme se fortifie au gré de ses désirs
Qui libèrent le poids de trop de repentances
Et malgré nos tourments on vit de nos plaisirs

.../...

Le bonheur du moment sait nous rendre euphoriques
Après tout l'on sait bien que nous sommes ainsi
Les fantômes sont là ce sont nos génériques
On a tous nos secrets qu'il faut aimer aussi

...

Car dans la discordance où s'écrit l'existence
Dans la disconvenance où la mort se sent bien
C'est la fable du temps qui nous prend d'évidence
Au final on sait bien qu'il n'en reviendra rien…

L'instant d'un flash back...

De grands gestes ouverts en guise d'au-revoir
On agite la main les sourires sont larges
On se reverra vite et la vie au pouvoir
Rythme ces entre-temps ces éphémères marges

Ce sont les souvenirs d'un âge sans souci
La famille s'en va d'un dimanche à la plage
On reste sur le seuil pour prolonger ainsi
Jusqu'à perte de vue une dernière image

Et puis tout aussitôt l'on retourne au présent
Riche de ce partage et de cette harmonie
Baignade et jeux de sable un tout s'entrecroisant
Dans la simplicité d'une enfance bénie

Il est beau ce passé son rappel est touchant
La scène d'une époque où tout était limpide
Sans avant-goût du soir sans craintes au couchant
Ce tableau du bonheur aujourd'hui m'intimide

Etait-ce bien nous tous ou plutôt sommes-nous
Arrivés à bon port à quel heureux passage
Disons-nous au-revoir les adieux sont tabous
Les gestes moins ouverts qu'en est-il du voyage...

Au retour d'une absence...

On y revient toujours comme un retour aux sources
Malgré quelques écarts pour se dissimuler
Ou juste s'évader sur quelques grandes courses
Donnant à la raison d'autrement s'émuler

Il est tant de chemins il est tant de cohortes
Qui soumettent ainsi l'esprit à l'abandon
Feignant d'ensevelir comme des amours mortes
Le germe bien allant d'un intime cordon

Qu'il s'agisse du temps c'est l'espace d'un trouble
Qu'il s'agisse de soi c'est l'instant d'un slogan
Slogan d'un devenir qui soudain se dédouble
L'épreuve est boomerang le mirage arrogant

Car s'il nous faut parfois pour ainsi dire mettre
En scène un alibi c'est bien pour recréer
Aux tréfonds d'un aveu les secrets de son être
Une vocation qu'on ne peut suppléer

Ainsi va l' « être soi » divaguant dans la tête
Au gré des croisements qu'on aime s'inventer
Une mise à distance est juste une retraite
Pour mieux se retrouver en toute affinité...

Sérénité de la complicité…

On peut paralyser sa propre émotion
L'enrober de silence et même s'en abstraire
Au prix parfois sournois d'une migration
Vers d'autres soubresauts dans un accord contraire

Tout comme on peut la vivre au faîte de l'excès
Troublante intensité qui déconcerte l'âme
Déploiement débordant d'un turbulent abcès
Quand il conquiert l'essaim d'un tout qui se desquame

Car si les stimuli de l'environnement
Sollicitent bien sûr l'être dans ses rouages
La réponse affective est bien étrangement
Tout aussi personnelle en gérant ces messages

N'est ce qu'une attitude ou vraiment un émoi
Qui se donne à souffrir dans le miroir des autres
Ce que l'on dit alors c'est souvent ce pourquoi
Ces sensibilités qui ne seraient les nôtres

Jouet de son affect et quel que soit le nom
Que l'on veut lui donner de soupirs en vacarmes
Le coeur toujours recherche un esprit compagnon
A l'aise avec sa joie à l'aise avec ses larmes…

Divine invitation…

Pour quelle poésie un dieu créa la plume
Etait-ce pour pouvoir lui-même composer
Ou bien pour exhorter tout être qui transhume
A l'ombre de ses mots à venir s'y poser

Les rimes du poète étincellent de larmes
Reflétant celles de tous les fils d'Apollon
Caressant l'infini des invisibles charmes
La page est son missel et le temps son filon

Voyageur fugitif il n'est que géniture
D'un azur succédant au trouble originel
Veillant la confidence au seuil de l'écriture
Son frisson dans le tain d'un miroir éternel

Pour quelle poésie un dieu créa la plume
Etait-ce pour pouvoir lui-même s'y poser
Ou bien pour exhorter tout être qui transhume
A l'ombre de ses mots à venir composer…

Ce que l'on donne...

S'il ne tenait qu'à moi le monde sourirait
Consolant les chagrins oubliant les discordes
Et toutes les raisons qui mènent au regret
De pleurer cet oracle où les vœux sont qu'exordes

Mais je suis si quelconque entre les bâtisseurs
Et les démolisseurs que mon humeur est vaine
Ni brave et ni perfide évoquant les douceurs
Comme des idéaux sentant bon la verveine

Est-ce de la rancœur ou juste un abandon
J'adopte le jingle où l'on me légitime
Signal de mon crédit tête dans le guidon
L'inconnu que je croise et j'en fais ma victime

Car mon regard amer est là contagieux
Comme un mode de vie aujourd'hui transmissible
Autant de boulets noirs aux effets spongieux
Qui pompent le moral et le rendent irascible

C'est un effet cascade on en est tous garants
Et si l'on sait choisir le pinceau tout sourire
Pour recouvrir la sphère un des riens récurrents
Deviendra mains tendues la joie est à prescrire

Un effet boules de neige aux coloris divers
Couleur sombre ou soleil qui là se multiplie
Donneurs et receveurs dans le même univers
C'est l'oeuvre de chacun que l'à-venir supplie

S'il ne tenait qu'à moi... d'où me vient l'alibi
Du désenchantement ce collier de pépites
Ne peut être une chaîne où ton destin subit
Tant que je peux t'offrir ses éclats insolites...

Tributaire d'un regard...

Est-ce une prophétie est-ce juste un hasard
Qui génère les gains qui génère les pertes
Formé pour le succès formé pour un César
Qui jetterait les dés les sciences sont dissertes

Libres d'interpréter ce qui nous est permis
On est bien obligés de garder en pensée
Que l'être est le motif d'un destin compromis
Absente aux grands débats la grâce est offensée

L'effet Pygmalion prouvé par des essais
Est juste saisissant croire en un dynamisme
Ou c'est l'effet Golem qui conduit aux retraits
De tous les stimulants et c'est le pessimisme

Quelle voix pour l'oracle au sein de ces vouloirs
Des êtres de désirs dictent les aptitudes
Et d'autres dans le doute éteignent les espoirs
Ce sont là les factums et leurs incomplétudes

Juste une prophétie ou bien juste un hasard
Qui jetterait les dés les sciences sont expertes
Le mortel est l'objet d'un sujet à l'écart
Un regard azimut quand les voies sont ouvertes...

A la lumière de l'ombre...

Entre le « pas encore » et ce franc « déjà là »
Le devenir s'invente évidence inhérente
Au mythe du vivant que le rêve combla
D'un réel à greffer sur la face apparente

Et je suis en survie à l'assise du mur
Qui répand ses gravats sur mon temps de misère
Pas assez clairvoyant pour un sentiment pur
Où le plus loin que moi serait destinataire

Alors je me nourris de fragments d'idéels
Me pensant existante au cœur de mes extases
L'empirisme profane anime mes appels
Qui rejoignent l'écho des mots et des emphases

Entre le « pas encore » et le franc « déjà là »
Le devenir s'invente évidence inhérente
Au mythe du vivant que la mort émula
Gesticulant au pied d'une espérance errante...

A l'intime saison…

Quand l'âme est fatiguée et traîne sa langueur
Dans une obscurité qu'elle voudrait en phase
Avec le mauvais temps le soleil imposteur
Met son spleen à l'épreuve et son tourment s'embrase

La même discordance est là qui la restreint
Quand sur sa propre ivresse il est un ciel lugubre
Qui la rend marginale il ne peut être étreint
Dans une intimité qui serait insalubre

C'est comme une disgrâce au cœur d'un ressenti
Répudiant la joie alors que tout la presse
Y compris le printemps un malin démenti
Dévore la psyché qui se sent si tristesse

Mais il est à son tour cette félicité
Qui convoque l'esprit à danser sous le givre
Un bonheur existant sans la complicité
D'un rayon de chaleur qui ne pourrait survivre

Car c'est la liberté d'une plume arc-en-ciel
Pas toujours en osmose avec la mise en scène
D'un univers sensible où l'existentiel
Est le vif du sujet que le devoir assène

Une plume arc-en-ciel à l'émoi clandestin
Qui fait fi du contexte et des humeurs visibles
Pour dénuder le blanc sous un dôme sans tain
Révélant les couleurs des éclats indicibles…

Abandon consentant…

Dans un doux clapotis la vague me fredonne
Le souffle de la brise et berce mon frisson
Caressant le tourment d'un temps qui s'abandonne
A l'ombre des grands pins mes pas à l'unisson
Et la mer me pardonne…

Agrandissant l'espace où mon esprit s'ébat
Une image câline enlace ma mémoire
Le souvenir est là mais bien loin du combat
Il me prend dans ses bras pour chérir mon histoire
M'emmenant tout là-bas…

Le ressac me murmure en un bouquet d'écume
Cet éternel baiser comme une ode au parfum
De ses pleurs nourriciers et mon âme transhume
Vers un doux sentiment peu m'importe la fin
C'est l'éclat de la brume …

Aspiration d'éternité...

Le destin de nos jours est-il donc ignoré
Que chaque jour commence au lever d'une étoile
Comme si l'avenir du rêve défloré
Etait dans l'origine où l'astre se dévoile

C'est pourtant bien au deuil qu'ils nous sont dévolus
L'épreuve du vivant demeure au fond la même
Issu de l'univers son final est inclus
Dans sa réalité c'est là son anathème

Et cet achèvement va hanter le miroir
De ce rai de lumière où renaîtrait l'aurore
Paravent de reflets qui tient lieu de parloir
Où discourt la pensée en attente d'éclore

Comment pourrions-nous vivre au seuil de ce néant
Sans aimer le soleil œuvre de l'origine
Qui fascine l'Idée aucun n'est mécréant
Pour l'immoler brûlant quand la nuit s'imagine

...

Comme si l'avenir du rêve défloré
Etait dans l'origine où l'astre se dévoile
Le destin de nos jours se voit commémoré
Et chaque jour commence au lever d'une étoile...

Image en déroute…

Par quels effets miroirs les multiples facettes
De l'être en-visagé lui donnent son semblant
Sur les éclats perçus les reflets font recettes
Voilà qu'il se devine et le fait est troublant

Car on n'hésite pas lors de chaque rencontre
A l'identifier c'est là l'autorité
Du paraitre tangible et l'espèce démontre
La loi d'unicité comme une vérité

La connaissance est telle et nous est pertinente
Que cet « autre » est palpable écho rationnel
De ce qu'il donne à voir la psyché fascinante
Discerne sans soupçon le schème originel

Mais lorsqu'un nouveau prisme où l'image connue
Ne cadre plus du tout à l'égard du réel
Fissure le savoir la chimère sinue
Le mirage est formel il n'était qu'idéel…

…

Sur des éclats perçus les reflets font recettes
Et l'être en-visagé lui donne son semblant
Par quels effets cachés les multiples facettes
Ebauchent le miroir car le fait est troublant…

Une douce hypothèse…

Que valent les discours si les actes démentent
Leur trompeuse noblesse une déloyauté
Voire une trahison que les faits argumentent
En un retournement qui souillent la beauté

Est-il une parole authentique et sincère
Qui sache sublimer le serment de l'humain
L'élevant bien plus haut que sa foi de misère
Pour faire vivre en elle un germe pour demain

Penser cette entremise où l'esprit participe
A l'ébauche des mots c'est là magnifier
L'essence du message et toucher son principe
Au plus secret du cœur qui vient s'y confier

Oserais-je penser qu'ainsi la poésie
Serait de cette grâce une vocation
Accueillie en celui qui d'une aube saisie
Fait grandir le vivant du don d'émotion

Bien loin de ces propos qui leurrent la pensée
De tous ces beaux parleurs qui vont soudain tromper
Une rime un silence et l'âme ensemencée
Va s'éveiller au seuil d'un verbe défripé…

Le paradoxe du vivant …

Pourquoi faut-il toujours l'avènement du pire
Pour que l'immensité du don qui nous est fait
Transparaisse à l'envers de la nuit qui soupire
Comme si l'âge d'or demeurait sans effet

En proie à l'abondance où le bonheur égare
Nous sommes ces errants sur les contours obscurs
D'un sens qui nous échappe et qui nous désempare
Dès lors que le destin dévoile ses coups durs

C'est l'incroyable choc d'une scène inversée
Imaginons l'aveugle ignorant la clarté
Qui retrouve la vue à l'aube transpercée
La lumière d'un coup le ferait sangloter

Elle serait douleur pour lui qui d'habitude
Vit dans l'obscurité sans pouvoir se penser
Autrement qu'au verso de la similitude
L'effet de cet éclat va le bouleverser

Et nous sommes ainsi découvrant l'autre face
Du voyage vécu lorsque l'évènement
Vient soudain renverser l'établi d'une grâce
C'est une dissonance amère évidemment

Croyant être passés de la brillance à l'ombre
Serait-ce le contraire une lucidité
Qui nous ferait saisir les cadeaux en surnombre
Que nous donne la vie en toute impunité

Et découvrant le beau de l'existence offerte
Comme des non-voyants frappés par la lueur
L'impact est éprouvant toute porte entrouverte
Révèle le chaos avant d'être douceur…

Que me faut-il apprendre…

Le souvenir s'estompe en un sombre tracé
Qui dissout le reflet d'une vaine chimère
Un visage voilé fané presqu'effacé
Et sa vie orpheline atteste l'éphémère
De l'image impalpable emportant le passé

Vers un tableau de cendre…

Tout meurt avec le jour quand il le faut le couvrir
Au pied de la colline et pénétrer l'épreuve
Où le souffle n'est plus qu'un mirage à ravir
Du néant du tombeau le trépas s'en abreuve
Et fait geindre le vent qui vient s'évanouir

Vers un écho de cendre…

La poussière d'étoile étoffe l'abandon
Simulant le cortège où semble aller la vie
Lui donnant densité la chair est son pardon
Et portant sa douleur sur la butte gravie
Elle conduit ainsi le blâme du brandon

Vers une croix de cendre…

Un avant-goût du gouffre…

Entre le cœur et la raison les choix sont sans pitié
Un tout indivisible aujourd'hui se déchire
Les remords de demain déjà sont en chantier
Sur un consentement qui ne saurait se dire

C'est notre servitude en tant qu'être penseur
Pourvu d'intuition qui parfois télescope
Le lieu rationnel d'un algèbre censeur
Il faut aller au fond pour percer l'enveloppe

Ce que dicte l'affect est parfois en discord
Avec l'entendement qui n'est pas infertile
Le bon sens est plus sage il n'est pas qu'un décor
Pour exempter la loi d'un prétexte futile

Certes cette raison fouille la vérité
Tamise le pourquoi le démontre et l'explique
L'homme n'est pas doué de cette faculté
Pour que le bon plaisir n'en soit qu'une réplique

Mais comment être sûrs qu'elle ne peut mentir
Faudrait-il convenir qu'il est des influences
Bien plus fiables qu'elle un cœur pour ressentir
Un instinct authentique où vibrent des présences

Nous avons tous un jour misé sur l'intellect
Au détriment du cœur au détriment de l'âme
Et le regrettons-nous le doute est incorrect
Il nous faut l'assumer ou le vrai se desquame

                                                    … /…

Mais nous avons été de même écartelés
Entre cette sagesse et l'intime folie
Ce désir d'être soi de briser les scellés
Du tout bien comme il faut de la cause accomplie

Je me souviens encore à l'heure où je l'écris
De ces démembrements entre un sens éphémère
Et sa logique inverse ainsi déjà proscrits
Mais qui me le dira l'idéal est chimère

***

Entre cœur et raison les choix sont sans pitié
Un avant-goût du gouffre où souffrira la peine
Les remords à venir déjà sont en chantier
Et le silence pleure une voix incertaine…

La flamme des géants…

Que saisissent nos sens sur les contours obscurs
De notre expérience où nous forgeons notre âme
En proie à ses semblants ses dogmes si peu sûrs
Bien souvent spectateurs quand nos troubles nous blâment

Les laisser pénétrer l'essence de l'étant
Toucher au cœur de soi le verbe de la vie
Ferait naître quel mal tel un maudit talent
Pour l'être clairvoyant que l'oracle convie

Le génie artistique effleure si souvent
L'enfer de la folie est-il donc si tragique
De voir la vérité quel mystère mouvant
Saurait se révéler que l'eurythmie abdique

A la source de l'œuvre est-il la déraison
Ou bien c'est le contraire et c'est la délivrance
Qui chavire l'esprit vers un profond frisson
Dont il ne revient pas cherchant sa cohérence

…

Que saisissent nos sens sur les contours obscurs
De notre expérience où nous forgeons notre âme
La faille est-elle mince ou serait-ce des murs
Un Idéal perçu que le réel desquame…

Tirant le fil de mon histoire...

Des rues et des quartiers des noms et des visages
Des mots et des chansons comme autant de photos
Volées au jour qui passe exclusives images
Le pourquoi d'un « chez soi » de ses fondamentaux

Car ce sont bien ces airs tels ceux d'une famille
Qui donnent sens au temps constituent un passé
Instantanés de vie à jamais qui fourmillent
Dans le rétroviseur d'un désir tout tracé

Et tous ces souvenirs s'ils reviennent en force
C'est souvent pour aimer cette gestation
Ce berceau ce cocon c'est la troublante amorce
Qui charme la raison d'une autre émotion

Parfois quelques regrets quelques flocons de givre
Viennent pour nous surprendre et remplissent nos yeux
Jusqu'à ce qu'à ras bords les larmes les délivrent
Et déversent leur âme au murmure des cieux

...

Mon passé ma jeunesse une re-connaissance
De tout ce que je suis dans tout ce que j'étais
Une pérennité que la réminiscence
Dépoussière sans cesse au milieu des reflets...

Après tout pourquoi pas ?...

La naissance et la mort seraient-elles unies
En avant du destin qui fait foi chaque jour
Que l'une porte en l'autre un peu de son contour
Malgré les idéaux charmant leurs ironies

Car bien sûr on se sait tous promis au tombeau
Dès lors que nous entrons dans notre temps terrestre
Même si c'est un sort que notre esprit séquestre
Comme un instinct vital pour un rêve plus beau

Le cycle linéaire agence ainsi la vie
Une venue au monde annonce le trépas
Les deux étant liés les disjoindre n'est pas
Un débat légitime au-delà de l'envie

Mais lire du Platon serait-ce absurdité
Théorie d'un avant où l'âme avant de naître
Dans un corps éphémère aurait pu tout connaître
Un savoir « oublié » par sa captivité

Il nous faudrait dès lors par la réminiscence
« Accoucher » des acquis que l'on croit ignorer
Etrange maïeutique où le sens défloré
N'est alors qu'un détour vers la re-connaissance

Nous n'enfanterions donc que nos propres oublis
Aurions-nous toujours su vers où va notre quête
Etonnant postulat d'une saison parfaite
Avant de « voir le jour » sous les cieux établis

La naissance et la mort l'effluve de la cendre
Seraient-elles unies à chacun son serment
Aucun n'est dérisoire éloigné seulement
D'une fin d'un berceau que nous faut-il apprendre…

Qu'à l'échelle de soi…

Tout ce qui parait fou ne l'est que pour les autres
Chacun sait bien pourquoi sa raison l'a poussé
A se trouver présent avec ou sans apôtres
A cet endroit précis pourquoi l'éclabousser

De ces « n'importe quoi » qui tapissent la scène
Que tous nous regardons comme un miroir flottant
L'absurdité pour soi devient valeur malsaine
Qui désavoue alors le sens cohabitant

Si le mobile est flou peut-être est-il principe
Pour celui qui se donne ou celui qui se rend
Suivant son azimut le but qu'il anticipe
Est en secret le sien lui seul en est gérant

Ainsi rien n'est dément seulement insolite
Une attitude « étrange » un procédé troublant
Celui que l'on rencontre il sait ce qui l'invite
A venir jusqu'ici ce n'est pas accablant

Tout ce qui parait fou ne l'est que pour les autres
Tout être est atypique et c'est sur cet écart
Qu'il libère ses pas autrement que les nôtres
Et dans la réciproque on est son avatar…

Ce dont nous avons été coupés…

D'un début d'une cause on est tous « natifs de »
Hasard ou destinée on reçoit un factum
Plus ou moins transparent nés sous X ou fils de
C'est là l'évènement de ce continuum

Serait-ce un accident ou qu'un état de choses
Que l'espace et le temps fixeraient au réel
L'existant seulement de ses métamorphoses
Aime le déporter vers un autre idéel

Mais l'instinct la mémoire une odeur une image
Sans cesse on y revient comme un discernement
Ou juste un substitut pour saisir l'arrimage
Et près d'une césure ajuster l'ondoiement

Car toujours l'on s'efforce à réduire le vide
Entre notre bon goût et le « beau » primitif
Quand exilé d'un tout notre esprit apatride
Par le biais de ses sens devient contemplatif

D'une cause un début c'est la source entendue
Prolongeant la durée où « serait » l'univers
Sur le versant distinct de l'unité perdue
L'homme toujours s'affaire à corder les envers…

De Platon à aujourd'hui...

Le reflet le réel ou l'image et le monde
Des prisonniers assis qui contemplent le mur
Sur lequel on projette un film que l'on émonde
De certaines couleurs sont les captifs c'est sûr
De ces ombres ces traits que dès lors ils confondent

Ainsi l'allégorie a beaucoup voyagé
Nourrissant chaque époque et son académie
On pressent ce rideau cet intellect piégé
Qui fait fi du dehors la pensée endormie
Ne se méfiant pas d'un mirage encagé

Tant de choses ont changé depuis « La République »
La caverne a muté les détenus aussi
Depuis l'électronique à la cybernétique
S'il revenait chez nous Platon serait transi
Son réseau de reflets était-il prophétique

Ce n'est plus un seul mur mais de nombreux écrans
Que tous nous regardons fixés sur les images
Notre attache au réel passe par ces filtrants
Tout est entremêlé des photos aux messages
Ces accès informels sont même dévorants

Et même pire encore eux s'ils étaient esclaves
D'une projection l'écho semblait distinct
Ils regardaient la fresque introvertis et graves
Nous on échange avec c'est un miroir sans tain
Enrobées de brouillard quelles sont donc ces caves...

Versification après lecture de Roger-Pol DROIT « Si Platon revenait ? »

Une vie aussi banale qu'extraordinaire…

Le cours de l'existence est-il donc si fragile
Qu'il peut se transformer d'un seul saisissement
Du corps ou de l'esprit colosse aux pieds d'argile
Qui s'embrase souvent sans avertissement

Car les évènements ne sont pas de ces choses
Qui n'arrivent qu'à l'autre un ordre déplacé
Restructurant l'espace de ses vérités closes
Ils sont pour nous aussi bousculant le passé

Une voix un sourire on dit un coup de foudre
La tempête des sens emporte la raison
Vers un enivrement qui ne peut se dissoudre
Un soleil qui s'invite une autre lunaison

Parfois c'est un sanglot qui peut nous mettre à terre
Le chaos d'un hasard qui va pulvériser
L'esprit vers un ailleurs à la mémoire austère
Tressé de souvenirs venant nous dégriser

Nous sommes ces mutants d'une transe une extase
Mais jamais d'un savoir pour créer du certain
De nos étanches box le double fond s'évase
Un feu sensoriel plus ou moins clandestin

Ce peut être bien sûr un nouvel oxygène
Mais ce peut être autant le drame de l'émoi
La vie est sous contrôle on la veut homogène
Parfois elle nous perd car l'affectif est roi

De tous ces tsunamis qui viennent nous soustraire
A notre autorité l'on ne perçoit souvent
Que des gazouillements qu'en secret l'on fait taire
C'est là l'intimité d'un soupir se lovant…

Théâtre d'impro…

Une scène fictive est-ce qu'un jeu de rôle
Une contrefaçon de la réalité
Où tout être est acteur prêtant ainsi l'épaule
A son imaginaire pour la revisiter

De décor en décor de satire en satire
Ce besoin de créer des espaces distincts
C'est bien le désarroi qu'il nous faut là relire
A vivre le réel non comme clandestins

Attraper une image et pouvoir s'y soumettre
Sans passer par l'écran de la réflexion
Voilà ce qu'il faudrait un caractère maître
Eprouvant son affect et sans annexion

Des séquences à trous nous sont presque oppressives
Il faut préserver l'ordre et la paix du semblant
Calfeutrer les écarts les clartés intrusives
Incommodant l'esprit qui se voit tout tremblant

Et si nous vient le gré de faire l'inventaire
De ce que dit de nous ce miroir abusé
Si l'on voit qu'on exclut le mal qui nous atterre
Nous trompons-nous de bien faut-il s'en accuser

Sur tant de champs de fleurs sur tant de champs de mine
Tant de mises en scène où vit la part du vrai
Grimaçant l'évidence en reflet s'achemine
Vers l'obscur avatar d'un « soi-même » pauvret….

En quête d'absolu…

Accueillant un matin le baiser du printemps
Dans un bonheur troublant le silence proclame
Le mystère du ciel un peu de ces instants
Qui posent l'éternel dans les abris de l'âme

L'esprit soudain s'oublie il n'est que ressenti
Nait ainsi le désir de l'offrir en poème
Qui le célèbrerait d'un accord consenti
Le déposant intact au creux de son phonème

Mais capturer l'émoi dans le filet des mots
Saisir sa complétude et la tenir vivante
C'est l'épreuve de soi des sentiments jumeaux
Pourrait-on s'y tromper dans la rime mouvante

Une virginité qui se nourrit de l'Art
Qui sait transfigurer une ineffable ivresse
Sans subir la pensée où gauchit le regard
Sans subir la raison si près de la tendresse

Accueillant un matin le baiser du printemps
Dans un bonheur troublant ce magique sésame
Puisse t-il délivrer quelques vers envoutants
Dans l'éclat d'infini que le reflet desquame…

Avant de ne plus être...

Faut-il se révolter faut-il se résigner
La vie est-elle ainsi qu'on ne peut rien y faire
Le sort est assuré pourquoi s'en indigner
Naître au monde et partir l'aurore est mortifère

Nourrir un univers où la mort deviendrait
Un fait juste impossible ou maquiller l'abîme
Vers lequel nous tendons tout cela reviendrait
A faire de chacun son obscure victime

Certes nous mentons tous aussi pour nous parer
Des coups trop affligeants mais certains simulacres
Sont plus lourds à porter il faut s'en séparer
Prendre soin de ce vide et de tous ces goûts âcres

Jamais on ne nous dit que toutes les douceurs
Dans un proche futur seront tortionnaires
Et surtout comment faire avant trop de noirceurs
Pour mieux s'y préparer dans des temps ordinaires

En semblant nous construire un non-savoir détruit
Le pire est bien la peur du mot qui là bafouille
Et faire de la mort un interdit sans bruit
C'est perdre encore plus l'âme d'une dépouille

Et ni se résigner et ni se révolter
Aimer la vie ainsi pour sauver quelque chose
D'un avenir sans nous un bienfait récolté
A défaut de soi-même essence d'une osmose...

Le sais-je …

Discernerais-je un jour chaque fois où la vie
M'a sauvée en sourdine un malheur évité
Un accident « manqué » la chance qui convie
Sans même le savoir faut-il la méditer…

Il m'est si naturel d'arriver à mon âge
Et d'être là valide et je n'ai pour rancœur
Que des futilités rien que du bavardage
Oubliant le danger d'un aléa traqueur

Me lever le matin sans aide et sans personne
Grâce à la baraka plein de fois avec moi
Interdisant le pire au destin qui foisonne
D'idées pour le chercher semant le désarroi

La vie est dangereuse en tant que spectatrice
Je sais les mauvais films ils sont si dissonants
Leur souvenir en boucle est une cicatrice
Un tas de questions aux non-dits lancinants

Et si ça m'arrivait… pourquoi suis-je épargnée
L'ai-je un jour mérité… l'ai-je un jour contourné
De près sans le savoir et m'en suis-je éloignée
Sans même apprécier ce qui me fut donné

Et qui sait pour les miens de tant de circonstances
Pour eux aussi peut-être il s'en fallut de peu
Les cadeaux du destin s'offrent dans les silences
De trop d'ingratitude il faut en faire aveu

…/…

Me nourrir d'empathie est bien irrecevable
S'il s'agit de bercer tant de prospérité
Si le miroir d'un drame est juste chérissable
Pour pouvoir jubiler de passer à côté

Mais prendre conscience au-delà des absences
Que la vie est fragile aussi près d'un trésor
De toutes ses faveurs comme trop d'évidences
Saurais-je en rendre grâce et m'attendrir encor….

Chassé-croisé…

Il est de ces calculs que l'on fait sur le temps
Un peu comme un complot dont nous serions les maîtres
Un projet voire un dû vécus dans ces instants
Qui conçoivent demain selon nos paramètres

C'est ainsi qu'on construit croyant même habiter
Cet espace attendu la trame de la fable
Confondant bien souvent rêve et réalité
Et comme pour de vrai le fantasme est affable

De combien d'alibis nourrissons-nous le toc
Pour nous faire vibrer au gré de ces séquences
Tournées dans un néant qui là résiste au choc
D'une amnésie armée en très hautes fréquences

Dans le meilleur des cas parfois parait le jour
Où l'heure s'accomplit comme elle était prévue
La scène répétée en attendant son tour
Va pouvoir se jouer en acte sans bévue

Puis le rideau se baisse et l'instant convoité
N'est plus qu'un souvenir l'idée était matrice
Et comme après un film on va le raconter
Sentiment ambigu : valait-il ce caprice…

Toujours inassouvis souvent de par l'orgueil
Qui nous pousse à prétendre asservir l'existence
Et de par l'insolence à commenter au seuil
De notre simulacre un abîme en latence

Nous éclipsons le fait et même le serment
D'un temps pour consentir lorsqu'à trop s'en défendre
L'on finit par marcher dans l'ombre du moment
De tant de quiproquos que nous faut-il comprendre…

Lorsque le masque tombe…

Quand derrière des remparts d'impassibilité
La tendresse s'abrite elle ne veut paraître
Pour ne pas mettre en jeu cette sécurité
Qui parraine son flegme il lui faut bien l'admettre

Il est tellement plus facile et rassurant
De toujours prétexter juste une inconsistance
Voire même en sourire et tout en censurant
Ainsi le sentiment brader son existence

Sauf qu'aucun garde-fou ne saurait être épais
Et toujours une faille affaiblit le système
Une brèche muette et se dissout la paix
De tout cet univers qui n'était qu'anathème

Car si souvent l'effort est de borner les lieux
Où notre cœur habite une zone publique
Une zone privée et d'insondables cieux
Les voir se fissurer c'est le vrai qui s'explique

On se laisse surprendre et la placidité
Qui semblait si précise est soudain maladresse
L'abord est désarmé n'est-ce qu'altérité
Ou bien dans l'abandon nait comme une caresse…

Pour quelle architecture…

Paysage désert hier sous les gravats
Et le matin se couche avant même l'aurore
Les sources de la vie ont perdu leurs vivats
L'ankylose s'installe et le tombeau pérore

C'est comme une agonie et l'intellectuel
N'a que faire du gouffre ou jadis sa pensée
Structurait son bâti ce présent virtuel
L'exile en déraison la mort est insensée

Survivants égarés nous sommes tous ainsi
Quand le sens fait naufrage un mental en déroute
Parce que trop formel trop assertif aussi
Bâtisseurs d'un mirage insensible à l'absoute

Sur ce champ de ruine il faut bien subsister
A défaut d'être au monde et c'est dans les décombres
Que l'esprit va fouiller de quoi coexister
Avec l'inanimé des leçons les plus sombres

…

L'épave du savoir n'est bien là qu'éboulis
Qu'un corps conceptuel que le silence sangle
La dalle ainsi rompue irait vers les oublis
S'il n'était au sommet comme une pierre d'angle…

Troublante aumône...

La quête d'un pourquoi la quête d'un comment
Encombrent sans relâche et sans miséricorde
L'équilibre de l'être en proie à son tourment
Eternelle chanson que le temps désaccorde

Car aussitôt « trouvé » le sens est déraison
Le prétexte était faux voire même impensable
Pour se dire qu'un jour adviendrait la saison
Où l'homme ferait foi des schèmes de la fable

Beaucoup pour l'expliquer vont faire allusion
A ce chaînon manquant les privant de comprendre
Eux-mêmes le coda comme une intrusion
Dans leur toute puissance ils aiment s'en répandre

La pièce d'un puzzle oubliée à dessein
Par un maître d'ouvrage un peu premier sans doute
Ou peut-être livrée exprès et sans dessin
Pour l'identifier cultivant la déroute

Pourtant s'il existait un autre postulat
Se dire que l'on a bien eu toutes les pièces
Que pas une ne manque il nous suffirait là
De les ré-agencer de par nos hardiesses

Mais penser autrement c'est la difficulté
De l'être suppliant une réponse juste
Passer par le désordre oser tout démonter
Pour reconstruire ensuite et la crainte s'incruste

Alors toujours l'on quête un comment un pourquoi
Un sens qui nous échappe alors on fait l'aumône
Mendiant un talent pour permettre la foi
Une vocation que le mirage clone...

De ces nombreux prétextes...

Ce besoin que l'on a toujours d'être en attente
D'un plaisir programmé même s'il est mineur
Ou d'un plus grand projet dans l'euphorie latente
De pouvoir l'accomplir quelle en est sa teneur

Quand le jour qui commence est plutôt monotone
Ou quand plus dur encore on doit se préparer
Pour un mauvais moment la faveur qui détonne
Va servir de motif pour savoir tempérer

C'en est presque vital même si c'est infime
Un bon livre à finir un programme ciné
On y pense en secret si risible est la prime
Après tout l'on peut bien ainsi se câliner

Mais que dit ce désir qui toujours nous habite
Signale-t-il un manque un fantasme avorté
Serait-il d'un autre ordre un signal insolite
Pointant là notre ennui qu'il nous faut escorter

Si notre quotidien c'est vouloir disparaître
De l'insignifiance en s'occasionnant
Des motivations qui sont il faut l'admettre
Dérisoires autant c'est un constat minant

Tout se construirait-il de même autour du vide
Un vide intérieur qu'on veut au fond combler
Par l'action le but l'existence lapide
Si l'on n'est qu'un mirage à quoi bon se roubler...

Finitude en partage…

Lorsque j'étais enfant je définissais l'âge
Du haut de mes acquis l'adulte encore ado
M'intimidait déjà ce troublant décalage
Avec mon innocence a mué crescendo

Car rien n'est objectif y compris la mesure
Imparfaite du temps les années ont passé
Mon regard a changé le curseur de césure
N'a cessé de bouger sur un seuil espacé

Cette maturité que demain m'a donnée
A rajeuni mon père il n'était pas bien vieux
Lorsqu'au soir de sa vie il m'a redessinée
Dans sa réalité si proche des adieux

Si le sort me permet deux ou trois décennies
Alors son souvenir à mes yeux sûrement
Sera toujours naissant dans ses années jaunies
Quelques saisons d'écart entre nous seulement

Peut-on se dire un jour ce qu'écrivent nos rides
Dans le miroir encore on en gratte le tain
Pour différer l'image où les éphémérides
Sauront nous révoquer sans même un baratin

Lorsque j'étais enfant je définissais l'âge
Du haut de mes acquis depuis je n'ai cessé
De mettre mon veto finitude en partage
Qui vient me murmurer que l'autel est dressé…

Nos habitudes…

On a tous nos manies chacun ses habitudes
Certaines sont connues et d'autres pas du tout
De nos tics de nos tocs de nos inaptitudes
A nous en dispenser quel est là leur atout

Il nous est rassurant d'avoir de ces repères
Qui sauront nous prouver l'inlassable retour
Comme un pareil au même aux battements prospères
Comme un refuge aussi quand personne alentour

Une manière d'être également majeure
Quand nous en avons fait presqu'une identité
La seconde nature est bien souvent un leurre
Mais elle sait vêtir dans la complicité

Et l'on en est addicts qu'elles soient nos caprices
Qu'elles soient nos vertus changer ses rituels
C'est avant tout se perdre et perdre ses matrices
Sans tant de garde-fous serions-nous virtuels ?...

Immobiles…

Sans même se mouvoir on peut pérégriner
A travers la planète approchant des images
S'instruisant des récits qu'on aime imaginer
Ecrits pour nous offrir la beauté des voyages

C'est ainsi que l'on voit le monde et ses joyaux
Le plus souvent chez soi conquérants d'un espace
Bien à notre portée et nos buts sont loyaux
Car il s'agit d'apprendre on fait preuve d'audace

Et le temps c'est pareil on va le transporter
D'un coup l'antiquité d'un coup les temps modernes
On va quérir les faits d'un passé colporté
Ces allers ces retours sont nos tempos internes

Posés là par hasard serions-nous ambulants
Au sein d'un univers comme au sein d'une histoire
Des ambulants grippés sur les sols déferlants
D'un intellect lunaire au songe aléatoire

Alors tout compte fait que savons-nous vraiment
De ce grand intervalle entre le point de chute
Et la valeur plus vaste où naît le sentiment
De faire connaissance un seuil qui se discute

L'expérience au cœur de cet humble à part soi
Elève ou bien réduit serait-elle survie
D'un monde intelligible et l'âme qui perçoit
Dans ce temps cet espace en est-elle assouvie ….

Secrète déraison...

Je me souviens enfant sans doute trop tenace
Mes parents me disaient d'aller voir autre part
Peut-être y seraient-ils l'humour était sagace
Ils n'en pensaient pas tant mais j'aime ce regard...

Car son non-sens m'envoûte et ravit ma folie
Partir vérifier si l'on n'est pas ailleurs
En étant ici là l'image résilie
L'unité corps/esprit le tout devient plusieurs

Au sein de cet espace où l'on peut me surprendre
C'est comme un point central où mes pieds sont posés
L'âme y revient toujours bien lourd est ce scaphandre
Les reflets évidents sont immobilisés

Est-ce moi qui suis là n'est-ce qu'un seul prétexte
Pour sembler existante un ensemble d'échos
Pourrait bien me vider de mon étroit contexte
C'est mon inconséquence et j'aspire au repos

Alors c'est en silence et loin de l'arbitrage
Que je peux m'en extraire et qui pourrait chercher
Plus loin que mon rayon mon réel en voyage
Dans le plat du commun mon rêve est haut perché

Tenterais-je l'errance en quittant la personne
Que je suis en ce lieu pour aller voir plus loin
Si je ne m'y tiens pas... ce souvenir fredonne
Cette absence parfois que je cache à grand soin...

Parole ancestrale...

Dix années dans l'enfance et huit autres ensuite
Avant de pénétrer dans le monde majeur
C'est à peu près le temps d'une course poursuite
Après les idéaux dix-huit ans de candeur

On peut en rajouter encore une dizaine
L'entrée à l'âge adulte est pleine d'irréel
L'infini dans les mains l'avenir est aubaine
On savoure à loisir ce poème informel

Si proche et si lointain ce passé de liesse
Deviendra le serment qu'on n'a pas su tenir
Et le vieux nous dira qu'après ces temps d'ivresse
Il reste cinquante ans que pour s'en souvenir...

Insurrection silencieuse…

Il est époustouflant presque surnaturel
De lire ou d'écouter les plus grandes énigmes
De notre médecine impliquant le mortel
Ces faits paradoxaux brisent nos paradigmes

On croit tout expliquer notre raison s'y plait
Le corps est cet outil qui fait naître la vie
Sur la maternité le mémoire est complet
Le cours est évident quand rien ne le dévie

Dans ce domaine aussi l'on omet le cerveau
Qui commande l'ensemble il semble si grotesque
Qu'une gestation soit un rébus nouveau
Mais lorsque c'est le cas le trouble est titanesque

Un déni de grossesse un bébé démenti
Passager clandestin du ventre de sa mère
Qui ne peut s'arrondir parce qu'assujetti
Aux ordres d'un mental qui le rend victimaire

A la création de l'être et de l'esprit
Un accord est de mise et dans toute origine
Se pose le sujet le désir dénutri
De « donner naissance à » vrille l'âme en sourdine

Qu'en est-il donc alors de tant de nos rejets
Plus ou moins sciemment nous bridons la genèse
De notre destinée étouffant les projets
Qui donneraient le jour avant son anamnèse

Ce qui là nous sidère en l'histoire d'un fait
Quand le refus déjoue une œuvre naturelle
Ce sont nos reniements nos berceaux sans effet
Tous nos enfantements qu'un désaveu flagelle…

Les véritables profondeurs du mal…

Une image un rappel viennent nous émouvoir
Il faut parfois si peu pour enflammer le trouble
Comme un coup de poignard qui ne laisse d'espoir
A la réminiscence et la rancoeur est double

Le sommet de l'iceberg c'est un peu tout cela
Il est si naturel de se tromper de cible
Et surtout plus facile alléguant ce fait là
Pour se dire blessés et taire l'indicible

Car ce n'est pas l'écho qui vient d'un coup saisir
Notre émotivité qui fait verser des larmes
Et non plus le passeur qui tout à son plaisir
Ne sait pas le reflet qu'il fait de nos vacarmes

Ce qui là fait souffrir c'est ce qui est en nous
Un mal intérieur qui constamment sensible
Est soudain ravivé des procédés filous
Dont use la psyché pour autant submersible

Soi-même on se meurtrit ni l'acte ni l'auteur
De cette résurgence en sont donc responsables
Ils sont notre prétexte un alibi trompeur
Tant nos réels effrois sont souvent impensables

…

La vérité c'est comme un acéré scalpel
Elle éventre les plaies que l'on a recouvertes
De divers canulars un baume habituel
Pour penser en guérir mais les voix sont disertes….

Réunion de famille…

Deux photos côte à côte cinquante années plus tard
La famille est la même et plus qu'une apparence
Ce sont des traits communs qui marquent le regard
De ces nombreux cousins comme une référence

La famille est la même et pourtant les aïeuls
De la dernière fois ont dû laisser leur place
Et ce sont des départs qui nous rendent bien seuls
Quand enfants de jadis notre base s'efface

Et de nouveaux petits viennent nous assigner
Au rang des ascendants où se tenaient nos pères
Pourquoi s'en offenser il faut se résigner
Le temps dans son affront renverse les repères

Mais s'ils ne sont plus là nous prendrons très grand soin
D'enseigner aux « derniers » d'où viennent leurs visages
D'où vient cette mimique un air jamais bien loin
De celui du grand-père il est tant de messages

On donne sa mémoire à tous ses survivants
Comme un nouvel ouvrage exposant une histoire
Un ancien qui nous quitte on la passe aux suivants
Un peu d'éternité c'est la force d'y croire

Mais savoir éphémère un par un ses parents
Est-ce le pire à vivre il faut être sincère
S'y concevoir soi-même est l'un des différends
Les plus désordonnés qui fait notre misère

…/…

Ce n'est pas trop l'album qui d'emblée a changé
Bien sûr les invités ne sont plus tous les mêmes
Mais c'est bien plutôt moi qui viens pour m'y plonger
Qui me suis transmuée au gré des chrysanthèmes

Quand le temps des témoins à son tour finira
Qui se rappellera jusqu'à mon existence
Au final moins d'un siècle un tout petit contrat
Qui n'est que l'argument de mon inconsistance

Lorsque tourne la roue…

Le plaisir fut si grand à toutes nos grands-mères
A conter leur enfance à travers les saisons
Leurs veillées d'autrefois leurs écoles primaires
Le jeu des osselets le temps des fenaisons

Et tout se mélangeait débordant d'anecdotes
Qu'il fallait à tout prix partager dans l'instant
Et l'odeur des grillées le goût des caillebottes
La tendresse avivait ce souvenir constant

Car c'est cela surtout quand je revois la mienne
Me raconter « jadis » qui me touche aujourd'hui
Ce plaisir qu'elle avait soudain magicienne
A revivre l'enfance un régal qui séduit

Je me souviens si bien de ses deux mains noueuses
Son visage ridé qui s'éveillait ainsi
Ses yeux s'illuminaient en chantant les berceuses
Que sa propre grand-mère entonnait elle aussi

D'où lui venait le feu de cette jouissance
Elle offrait sa mémoire ou bien se mentait là
D'une fatalité qui mène à l'évidence
C'était plus qu'une histoire une ivresse et voilà…

…

Récemment un enfant m'a demandé timide
Ce qu'était le « pain d'ange » alors j'ai raconté…
Dépeignant mon passé sans m'en sentir stupide
De ces chutes d'hosties que j'ai pu convoiter

…/…

Car les Sœurs le donnaient comme une récompense
Selon le bulletin que nous rapportions
Il avait si bon goût la gloire était intense
D'en ramener chez soi dans ces conditions

…

Et le gamin bien sage imaginait ce monde…
Mais ce qui m'a touchée au-delà du retour
De tant de souvenirs c'est qu'à cette seconde
J'éprouvais du plaisir… à transmettre à mon tour…

Instant de survivance...

C'est dans un savoir-vivre un peu somnambulesque
Que l'esprit se protège alors que tout autour
C'est un précoce hiver d'un froid cauchemardesque
Qui l'assaille sans tact et lui rafle le jour

Alors pour ne rien voir de cette horrible scène
Il enfouit son regard dans son corps suspendu
Au semblant d'être là l'image est trop malsaine
Pour sa virginité comme un malentendu

Un peu le sentiment de sortir de lui-même
Fixant ce qui se vit sans y laisser sa peau
Tout en étant ici cueillant son chrysanthème
Car la civilité ce n'est pas du pipeau

Le souffle de l'esprit se contrefait très vite
C'est comme s'il n'avait la mainmise sur lui
Il ne peut s'arrêter le courant qui lévite
L'entraîne à s'agiter même au fond de sa nuit

Extrait de sa guenille il est de convenance
Qu'importe la façon qu'importe le dehors
Mais sur le seuil visible où tout est assonance
Il berce son émoi déclinant les décors...

Celui qui s'en va…

Dans l'absence impossible où d'un coup la tendresse
Doit se vivre autrement lorsque celle ou celui
Que l'on chérissait tant quand le rideau s'abaisse
Disparait des vivants quel est l'amour qui luit

C'est celui qui s'en va qui forcément nous manque
La mort emporte tout aveuglant le regard
Ceux qui demeurent là derrière la palanque
De ce terrible abîme ils sont comme à l'écart

C'est l'exclusivité d'une attache brisée
Qui submerge la vie et la sincérité
Des liens tout autour est délocalisée
Vers cet appel si fort qu'on ne peut colmater

Il en sera de même au seuil de toute brèche
C'est de ce qui n'est plus que nous avons besoin
C'est pour autant aussi le sentiment le prêche
Tout ce qui nous rassemble au plus près du si loin…

Petite leçon de sagesse (quand on ne l'est pas…)

Pourquoi vouloir changer la nature des autres
Sous prétexte souvent que leur tempérament
Et leur verbosité sont juste pas les nôtres
Particularité qu'on blâme couramment

Et bien sûr qu'au regard de notre caractère
Tout n'est pas compatible on peut prendre sur soi
Et tout en retenue accepter le critère
De dissimilitude et même sans émoi

Car cette différence elle est bilatérale
Si l'un n'est pas très proche et bien lui c'est pareil
Il ne se trouve pas dans ce qui nous décale
Loin de sa force d'âme et loin de son soleil

Il faut bien faire avec surtout que l'existence
Ne donne pas toujours le choix de son prochain
Alors si l'on se dit sans trop d'impatience
Qu'il est ce qu'il doit être alors tout est plus sain

Car « on est comme on est » c'est là le préalable
Que nous posons souvent pour ne pas assumer
Dans la complexité d'un motif moins valable
Ce que nous devrions peut-être moins sommer

Donc « il est comme il est » la même cohérence
Est pourtant bien plus dure à se superposer
Cesser de s'acharner malgré soi d'évidence
A vouloir convertir plutôt qu'apprivoiser…

Re-création...

Comme épris d'un serment qui n'est que rêverie
Un fantasme vital qui dope le mental
Toujours nous recherchons sur fond de braverie
A nous griser d'oubli pour nier le fatal

Il en va de l'esprit d'une hygiène de vie
Comme une nourriture au sens substantiel
Le moteur du présent c'est l'âme de l'envie
Qui sublime le vide où se mire le ciel

Juste un euphorisant serait trop dérisoire
C'est le dernier recours quand le corps est de plomb
Et que la mort guettant tout n'est là qu'illusoire
Mais le souffle est tout autre et son mythe est jalon

S'égarer dans le faux s'éclipser dans l'idée
Ou même seulement dans la légèreté
D'un plaisir double emploi l'échappée est cordée
Qui se sait engagée à l'argument prêté

Et le sauve-qui-peut n'est pas en délinquance
C'est l'instinct du vivant peut-être son substrat
Comme une acuité qui sera délivrance
Comme un peu de lumière un sens à ce contrat

La vérité qui sait quelle est sa prophétie
Est-ce un peu d'innocence est-ce un peu de raison
Est-elle si brumeuse ou même qu'ineptie
Quand on croit la soustraire aux jeux d'une saison

Peut-être cette fuite effleure une Espérance
L'option d'une ivresse élevant le tourment
J'aime au cœur du destin lui laisser cette chance
Un fragment d'Absolu pour Aimer autrement...

L'écho d'un leitmotiv...

Comme un disque rayé l'histoire se répète
Et c'est toujours troublant quand vient ce « déjà vu »
Que l'on croyait unique une folle tempête
Qui ramène sa houle et prend au dépourvu

La mort manquerait-elle autant de fantaisie
Que la voilà soumise aux mêmes synopsis
Ou bien sa boulimie est ici frénésie
Elle veut repiquer un « bis » encore un « bis »

Mais pour ceux qui sont là c'est bien leur tragédie
Qui se vit sans pareil qu'il soit un précédent
Dans l'histoire autre part en rien ne remédie
A la laideur du drame et son mal est strident

On ne pourra s'y faire et la réplique est une
Mais quel mauvais sarcasme au moment d'un chaos
D'avoir le souvenir d'une même infortune
Ça n'avait pas suffi les faits se font jumeaux

L'écho d'un leitmotiv résonne en aphasie
Un sonal récurrent comme un disque rayé
La mort manquerait-elle autant de fantaisie
Quel est ce trou béant qu'il nous faut remblayer...

Disconvenance...

Un projet aboutit tout le monde est bien là
Pour applaudir l'auteur pour conforter l'ouvrage
Enfin s'en souciant contant ceci cela
Comme si l'aventure avait été partage

Un peu comme un contrat l'intérêt rebondit
Qu'après la livraison l'imposture s'invite
Car quand tout est parfait chacun sans faute dit
Qu'il a toujours œuvré pour cette réussite

C'est le côté faux frère ou juste plein de soi
Qui pousse le flambard à s'offrir en spectacle
Lors des solennités dont il veut être roi
Se faisant passer pour le maître d'un oracle

Et nombreux sont ceux-là si l'on regarde bien
Qui s'attribuent ainsi ces mérites factices
C'est aussi leur talent que de dire combien
Sans eux rien ne serait que de vains édifices

L'existence de l'homme est de ce clair-obscur
L'ouvrage se construit souvent en solitude
L'éloge est trompe-l'œil il vient d'un cœur trop dur
Qui dérobe l'effort fuyant sa finitude...

Un peu notre vengeance…

On se croit tous si forts avec nos grands projets
Les calculs d'une vie étalés sur la table
Des objectifs nouveaux qui naissent des trajets
Que nous normalisons sur un cours ajustable

Tels les maîtres à bord d'un destin cadastré
Nous brûlons les pavés sans trop de vigilance
Evoquant les morceaux qu'il nous faut encastrer
Avec présomption voire avec insolence

C'est la nature humaine à défaut de raison
Qui s'envoile la face aussi car offensée
De se savoir si frêle un sort comme en prison
Qui récite sa ruse une loi romancée

Nous sommes ces lurons sachant être joyeux
C'est là notre revanche un peu notre vengeance
S'égayer malgré tout malgré tout l'ennuyeux
D'une fin révélée avec intransigeance

Echo de l'anathème...

La source du mirage émane du désert
Et l'appétit jaillit de la désespérance
C'est la quête du rêve un intime geyser
Qui s'élève du vide où se nourrit l'absence

Tous les rêves ainsi surgissent d'un tourment
Les rêves de tendresse ou bien de retrouvailles
Naissent d'un abandon la mort est ce ferment
Générant l'Idéal au creux de nos entrailles

Aucune âme ne veut pour autant s'empaler
Sur le mât d'une épreuve ou l'absolu du songe
Demeure insaisissable on a beau cabaler
Nous sommes ces captifs que le destin prolonge

Et pour lors le désir qui nous vient du semblant
Nous relève du deuil et s'il ne nous console
Il relâche le poids de ce qui tout tremblant
Nous ligote l'ardeur quand notre cœur s'affole

Et je suis là cherchant la raison de ce vœu
Mais c'est comme une brèche où je ne sais me rendre
Ni ne voudrait tomber la peur est mon aveu
Le mythe du Sublime est-il drapé de cendre...

Comme une adrénaline...

Le plaisir de l'avant comme une adrénaline
Où tout nous est permis même l'incohérent
On aime le goûter l'image nous câline
Dans une tendre esquisse au désir transparent

C'est presque un vague à l'âme à la tristesse heureuse
Ce sentiment déjà d'être dans le regret
Et de vivre en fantasme une fin paresseuse
Qui va s'éterniser dans un émoi secret

Car bien sûr que l'on sait l'éphémère volage
Que de son existence il n'en reviendra rien
Alors faire traîner l'avant-goût du doublage
C'est un peu s'y blottir comme s'y trouver bien

Douce mélancolie au charme indéfectible
Dans l'intime frisson d'un déjà qu'elle étreint
Une larme amoureuse est là bien perceptible
Au seuil de l'abandon que l'à-venir contraint

C'est étonnant l'absence…

Car on peut l'éprouver dans la proximité
Alors que justement c'est là son paradoxe
La disparition d'un espace habité
Demeure son essence abrogeant l'équinoxe

« Un seul être vous manque et tout est dépeuplé »*
Même en ce quelque part qui ne fut son asile
Un lieu soudain si vide un manque décuplé
Par cette incohérence à la fresque subtile

Présence d'une absence où jamais le réel
N'a pourtant séjourné ne serait-ce qu'une ombre
Ou comme une autre échelle en fibre d'idéel
Désaveu d'un contour que la pensée encombre

Un néant si tangible étonne la raison
Que nous faut-il comprendre au point de quintessence
Est-il une distance est-il une saison
A l'immatériel est-il une inhérence…

*Lamartine

Aucun émoi n'est dérisoire...

La douleur et la joie ont ceci de commun
Qu'elles n'ont pas d'échelle au cœur de leur ivresse
Elles subjuguent l'âme et d'un feu surhumain
L'embrasent jusqu'aux sens que la raison délaisse

En être observateur est toujours un rébus
Car l'intellect fidèle à son égocentrisme
S'essaye à mesurer la fougue d'un abus
Calibrant dans le trouble un sentimentalisme

Et dans sa hardiesse il se prend à juger
Voire à déprécier la sincère justesse
De ce saisissement qui lui semble étranger
Et même il en sourit c'est sa délicatesse...

Quand lui vient à l'idée et cela c'est fréquent
De raconter un fait à ses yeux plus notable
Et souvent son vécu pour rendre inconséquent
L'émoi de son prochain c'est juste insupportable

Car pour celui qui vit cet instant déroutant
Qui prend l'âme d'assaut la déportant du monde
Qu'il soit gai qu'il soit triste il est son existant
Son frisson son vertige et qu'ainsi soit son onde...

Survivance en clair-obscur...

Il est tant de données que l'on ne choisit pas
Pour la plupart liées à notre mise au monde
Du berceau d'origine à l'heure du trépas
Sur le présent toujours le hasard vagabonde

Si l'on pense en effet à l'endroit où l'on naît
Nos parents leur milieu et bien des circonstances
Tout est aléatoire allègre ou tristounet
Le destin s'est joué forgeant nos existences

Mais il est d'autres faits tout aussi casuels
Ce que l'on n'élit pas pour gérer notre vie
Mais qui s'impose à nous loin de nos idéels
Et qu'il faut affaiter au-delà de l'envie

Je pense à ces vivants offensés dans leur chair
Qui n'ont jamais voulu donner cette apparence
Ils sont là dans un corps qui leur semble un impair
Dont il faut avoir goût grandir en appétence

Je pense à tous ces maux quand l'être est l'ennemi
Au final que de lui ses tendances malignes
Qui le rendent si laid souvent il en frémit
Lorsqu'il se dévisage et pèse ses insignes

Je pense à ce réel que l'on ne peut dompter
Quand on ne choisit pas qu'il faut s'aimer quand même
Et je pense au désir sur qui l'on peut compter
Qui ne veut du fatum en faire un anathème...

L'impossible retour…

Quand il ne reste plus que le poids du regret
Pour lester la mémoire et que seule la fuite
Permet de l'adoucir un trop sombre secret
Voile de pénitence un lendemain sans suite

Pour compenser l'absence on revient au pays
Non pas pour un plus tard mais comme pour lui prendre
La genèse du vide et des morceaux choisis
Réinventer l'histoire en désertant la cendre

Chaque lieu chaque voix rappellent ce passé
Qui peut-être aurait pu se déployer tout autre
Avec plus de bonté d'amour entrelacé
Et « si l'on avait su… » slogan qui devient nôtre

Retourner au berceau de ce temps qui n'est plus
N'est bien qu'une apparence un décor que l'on ronge
Qui n'a qu'un goût infâme et les ans révolus
N'offriront plus jamais que ce traître mensonge

Car l'espace est objet qui fut théâtre un jour
D'un miracle éphémère il condamne l'aurore
A sa propre inertie et faire le détour
Vers son point d'origine est juste un oxymore

Alors que reste-t-il à la réalité
Pour nourrir son ennui ce désir de refaire
Autrement son récit la culpabilité
Emménage à son aise et le blues prolifère…

Persécution de l'indifférence...

Inhérente à l'époque elle brime l'amour
De ces passeurs de vie amassant les vestiges
De tant de bâtisseurs qui sèment au contour
De leur pèlerinage oubliant les prestiges

Ils prêchent la parole au cœur d'un lourd soupir
Désirant qu'une écoute au final un silence
Ou peut-être un écho qui viendrait se tapir
Dans le lointain du temps triomphant d'insolence

Ce qu'il en deviendra c'est là tout l'incertain
D'un préambule offert l'histoire ainsi révèle
Qu'il doit d'abord se perdre avant que le matin
N'abreuve de rosée une force nouvelle

Mais c'est la solitude au cœur de ce serment
Qui fait du témoignage une sorte d'épreuve
Acceptant d'accueillir la froideur du moment
Puissent-ils se nourrir d'une espérance neuve....

Immuables reflets…

Quand la foi du vivant estampille une trace
A l'encre évanescente ainsi meurt doucement
L'infini du serment la mémoire est fugace
Le parjure du temps signe l'achèvement

Car des années plus tard on enterre l'absence
Les bâtisseurs n'étaient que de faux immortels
L'empreinte de leur œuvre est-elle en dissonance
On recompose ailleurs sur des airs de gospels

C'est une autre saison pas toujours perceptible
Au regard d'une histoire et de l'humanité
Scellant la fontanelle où tout l'inaccessible
Demeure le plus beau d'un rêve inhabité

Survivants égarés nous sommes le présage
D'un avant qui n'est plus lorsqu'au pied du berceau
Nous déposons la pierre ajustant le passage
Entre hier et demain brasés d'un même sceau

A la fois héritiers d'une même lignée
Sur l'espace mouvant de l'éphémère instant
S'il était au sommet une voix résignée
Quel chemin pour l'ouvrage atteindrait l'existant

Mais tant d'inachevés murmurent près de l'âme
Qu'il est dans l'origine une essence un substrat
Qui dépasse l'étant quand la mort le desquame
Que verrons-nous ailleurs du jour qui renaîtra

Sans se trahir soi-même...

Puisqu'être aimé de tous ne sera pas possible
Et faudrait-il d'ailleurs vraiment le souhaiter
Il faut choisir son camp même s'il est visible
Et savoir être soi sans vouloir s'acheter

Feindre une connivence avec un point de vue
Juste pour éviter d'être mis à l'écart
C'est si souvent tentant quand l'on passe en revue
Les airs approbatifs de suite à notre égard

C'est ainsi que soumis l'on peut souvent sans peine
Aller d'un groupe à l'autre et se faire estimer
Il est tant de réseaux que c'en est une aubaine
On peut sembler partout sans jamais s'assumer

Mais il arrive aussi que ces voies se rencontrent
Et c'est l'aveu du bluff nous sommes dans l'étau
Qui soudain se resserre et comment donner contre
Quand on a passé pour on est mal aussitôt

Il faut choisir son camp même s'il est visible
A défaut d'être aimé ça permet d'être en paix
Et savoir être soi c'est être disponible
Sans se trahir soi-même à bien plus de respects...

Les uns après les autres... jusqu'au dernier.

Une grande famille un cercle d'amis proches
On se croit éternels à la vie à la mort
Toujours tous réunis des jours sans anicroches
Personne n'imagine un invivable sort

Et pourtant vient le jour où l'un va disparaître
Mais lequel d'entre nous partira le premier
La tombe est sans logique il ne suffit de naître
Pour calculer son temps le mal est coutumier

Peut-être le plus vieux ou bien le plus solide
On ne peut pas savoir mais le tracas latent
Est surtout d'ignorer sans parole valide
Qui restera dernier tout seul se débattant

Se joue ainsi l'effroi de ces « dix petits nègres »
Quand le déclin rythmé se chante par couplet
La vie est assassine et les espoirs sont maigres
A chacun son massacre et l'ensemble est complet

Que ce soit un poison que ce soit une chute
Tout semble être accident pour autant préparé
L'oracle est-il ainsi dès que le jour débute
A quel crime peut-il être donc comparé

...

Si je pense à celui qui pourrait être en tête
De ce sombre cortège il m'est surtout cruel
De me représenter la lugubre retraite
Du dernier d'entre nous à rejoindre le ciel

.../...

Une grande famille une même ascendance
Qui de nous fermera notre si cher album
Si c'était mon destin serait-ce ma souffrance
Bien triste solitude au creux d'un decorum...

Dimanche d'automne...

Je ne peux revenir randonner dans les pas
De mon été d'avant seulement dans leurs traces
Laissées dans ma mémoire où gronde le trépas
Qui creuse au plus profond le néant des espaces

L'empreinte est un mirage et la réalité
Me fait vivre à l'instant l'épreuve de ce leurre
Je voudrais retrouver cet asile habité
Mais je passe à travers et son vide m'apeure

Et mes pas d'aujourd'hui sont tous ainsi dissous
Dans le flux des regrets que je voudrais doublures
Nos morts sont si légers lorsqu'ils vont avec nous
Que je ne perçois pas les miens dans nos verdures

L'étancher dans les joies de mon été d'avant
C'est l'impossible vœu de ce pleur que j'essuie
Le temps reprend ses droits c'est la loi du vivant
Et celui qui s'en va me laisse avec la pluie...

Paravent de l'image...

Quand l'enceinte est murée un voile d'apparat
Fait figure jolie un air de transparence
Qui laisse libre cours à ce qu'on en dira
Habiller son soupir c'est là sa délivrance

Car si l'on croit percer le secret d'un non-dit
En touchant de si près l'image qu'il renvoie
C'est aussi lui donner l'éclat qui resplendit
D'un contre-jour celé dans un manteau de soie

N'est-ce qu'une imposture ou le besoin commun
De vouloir agencer le vide imperceptible
D'un temps que l'on condamne à traverser demain
Enivrant le néant la mémoire est paisible

Il est de ce rideau comme d'un ciel de lit
Qui maîtrise l'espace au-dessus du silence
Et le rêve est coquet le destin s'accomplit
Car le deuil du vivant demeure confidence

...
Au fond c'est l'existence un bel envoûtement
Pour ne rien laisser voir on ferme les fenêtres
Projetant sur écran le non-achèvement
De l'ouvrage au mirage en sommes-nous les maîtres...

Si ce n'est le bonheur…

C'est le moment venu de m'extraire du mouvant
Pour me poser ailleurs à chacun son église
Selon sa prophétie un appel survivant
Aux soubresauts du temps dans un émoi qui grise

L'oasis du silence est ainsi ce point d'eau
Qui abreuve ma soif de survivante en prise
Avec son ordinaire où sur mon vieux radeau
Je rame à contre-pied du désir qui m'irise

Que fais-je solitaire égarée en l'îlot
D'une espérance vaine est-ce l'insaisissable
Qui me tient par la plume ou bien juste un complot
Entre la mer et lui pour m'arracher au sable

Mais qu'importe mon but dans le secret du vent
L'exil est le propice écho de l'immuable
Si ce n'est le bonheur il n'est pas loin devant
Instant de plénitude à l'accent véritable…

TABLE DES MATIERES

La plume du poète…	7
Quand le tourment fait rage…	9
« La vie est un passage »…	10
Bienveillance et résilience …	11
Lorsque devenu grand…	12
Délai de grâce…	13
Raisonnement par le vide…	14
C'est un corps qui s'en va…	15
Ton absence…	17
L'écho De Profundis…	18
Pierre, Eva, Léo, Anna…	19
Retomber en amour au-delà de la mort…	21
Inhérent au Vivant…	23
Sibylline plénitude…	24
Mourir en paix…	25
Sublimer le Silence…	27
Le temps d'un entre-temps…	28
La tragi-comédie de la vie…	29
Article sans cause…	30
Aveu de l'existence…	31
A travers la fenêtre…	33
Ad vitam æternam…	34
L'adoption des ombres…	35
Mystérieux entendement…	37
Une place particulière…	39
Dans l'écume du temps…	40
De la réponse à la question…	41
Un don de plénitude …	43
L'oxymore du devenir…	45
Ephémère serment…	46

Il est de ces richesses…	47
Pureté originelle…	48
Dysharmonie…	49
Vases communicants…	50
Déchronologie…	51
Chaque jour est en lui…	53
A l'envers de l'aurore…	54
Une vie pour naître, une seconde pour mourir…	55
Parce qu'il était homme…	56
L'intrigue de la cause…	57
A l'aube de l'année nouvelle…	58
Troublante affinité…	59
L'avant-jour à rebours…	60
Lecture à double « sens »…	61
De tant d'inachevés…	63
Désillusion…	64
Tout ce qui n'a pas laissé d'images…	65
Cicatrice de vie…	66
D'une façon ou d'une autre…	68
L'instant d'un flash back…	69
Au retour d'une absence…	70
Sérénité de la complicité…	71
Divine invitation…	72
Ce que l'on donne…	73
Tributaire d'un regard…	74
A la lumière de l'ombre…	75
A l'intime saison…	76
Abandon consentant…	77
Aspiration d'éternité…	78
Image en déroute…	79

Une douce hypothèse…	80
Le paradoxe du vivant …	81
Que me faut-il apprendre…	82
Un avant-goût du gouffre…	83
La flamme des géants…	85
Tirant le fil de mon histoire…	86
Après tout pourquoi pas ?...	87
Qu'à l'échelle de soi…	88
Ce dont nous avons été coupés…	89
De Platon à aujourd'hui…	90
Une vie aussi banale qu'extraordinaire…	91
Théâtre d'impro…	92
En quête d'absolu….	93
Avant de ne plus être…	94
Le sais-je …	95
Chassé-croisé…	97
Lorsque le masque tombe…	98
Pour quelle architecture…	99
Troublante aumône…	100
De ces nombreux prétextes…	101
Finitude en partage…	102
Nos habitudes….	103
Immobiles….	104
Secrète déraison…	105
Parole ancestrale…	106
Insurrection silencieuse…	107
Les véritables profondeurs du mal…	108
Réunion de famille…	109
Lorsque tourne la roue…	111
Instant de survivance…	113

Celui qui s'en va….	114
Petite leçon de sagesse (quand on ne l'est pas…)	115
Re-création…	116
L'écho d'un leitmotiv….	117
Disconvenance…	118
Un peu notre vengeance…	119
Echo de l'anathème…	120
Comme une adrénaline…	121
C'est étonnant l'absence…	122
Aucun émoi n'est dérisoire…	123
Survivance en clair-obscur…	124
L'impossible retour…	125
Persécution de l'indifférence…	126
Immuables reflets…	127
Sans se trahir soi-même…	128
Les uns après les autres….jusqu'au dernier.	129
Dimanche d'automne…	131
Paravent de l'image…	132
Si ce n'est le bonheur…	133